윤동주문학상 수상 작가
우수문학선집

윤동주문학상 수상 작가
우수문학선집

1~39회

月刊文學 출판부

차례

02회_ 이충이　009

04회_ 조영수　015

05회_ 박제천　019

　　　김현숙　023

06회_ 김종철　027

　　　김송배　031

07회_ 이경희　035

08회_ 김계덕　041

　　　홍금자　045

09회_ 김영은　049

10회_ 정인관　055

11회_ 김소엽　061

　　　김종섭　065

13회_ 조병무 069

송희철 073

14회_ 이향아 077

김영남 081

15회_ 박종숙 085

16회_ 이희자 089

17회_ 안혜초 093

18회_ 김지향 097

19회_ 신현득 101

20회_ 김석규 107

23회_ 김광자 111

24회_ 이길원 115

차례

25회_ 문무학　119

27회_ 김창완　123

28회_ 유안진　127

29회_ 강우식　131

　　　김년균　135

30회_ 임　보　139

32회_ 왕수영　143

　　　이혜선　149

33회_ 소강석　153

　　　정두리　157

34회_ 서상만　161

　　　서일옥　165

35회_ 허형만 169

　　　　이동희 173

36회_ 김　영 177

　　　　진순분 183

37회_ 김선진 187

　　　　박종철 193

　　　　유상용 197

38회_ 이계설 201

　　　　최금녀 205

　　　　최순향 209

39회_ 박복조 213

　　　　이국민 219

1986년 제2회 윤동주문학상 우수상 시집
『먼저 가는 자 빛으로 남고』

이충이

* 전남 목포 출생(1943년~2020년)
  1984년 『월간문학』 등단
  세계시인회의 한국본부 회장, 한국녹색시인협회 회장
  한국문인협회 이사, 계간 『시와 산문』 발행인
  시집 『저녁강에 누운 별』 『누가 물어도 그리운 사람』 『빛의 파종』 외
  제5회 자유시인상, 제1회 녹색시인상 등 수상

먼저 가는 자 빛으로 남고

이충이

먼저 가는 자
빛으로 남고
우린 또
무얼 기다리든가

등 돌려
밀어내는 저 아귀
돌처럼 굳어
뒷전에 서 있는 것들

떴다 사라지는
별빛이나 생각하자
새벽하늘 흐르는 얕은 강가
한가닥 모랫바람으로 남을 건가

어려운 때를 당해
지천으로 부서져 무너져 내리며
먼저 가는 자
빛으로 남는다는데

이 한목숨 아껴

아침 밥상에나 태연히 나앉은
우리 식솔들
또 멀쩡게 살아가느니.

춘련(春聯)

이충이

간곡하신 당신의 소식
풍편에만 듣다가
어제 오후엔
어렵게 어렵게
엽서를 얻었습니다

설한(雪寒)의 긴 밤을
아우들에게도 읽히기 위해
몇 백 몇 천 통을 내리 베끼다가
으례 지당하신 예수형님
당신의 말씀 되씹다가
글씨 솜씨까지 되새겨 보다가
끊은 획 하나에 이르도록
뜻의 저쪽까지 치달아 다니다가

늦여름 장마 그친 진흙탕 위
지렁이 있으라 하셔
그 놈 기어간 흔적
애초에 빛이라 하셔
깃처럼 꽂았다가 가라앉게 하신
그 자리

빈자리

한 그루의 과일나무 묻은
뿌리와 가지 사이
그 빈자리쯤
새여
날아라 하신 말씀
하늘의 빈자리
그 흔적의 터

먹줄 팅기듯
목수의 엷은 잠 거기라 하서
산(山)과 들의 온갖 짐승
밤을 달리는 흔적
그 자리

내 집 안방의
바퀴벌레 만큼이나 빠르게
우리들 곁을 스치는 당신의 빗질
흙탕물 위로
혹은 아우들의 집 청계천 근처

구로공단이나 화곡동 어름
겨울까치처럼 마구 맴돌다가
물새가 뿌린 풀씨로
아무렇게나 날으다가
그렇게 헤맨 어느 날
문득 당신의 그림엽서 접하고
난 아우들과 함께 답신(答信)을 씁니다.

1988년 제4회 윤동주문학상 우수상 시집
『네 안에서 내 안으로』

조영수

* 강원도 강릉 출생(1945년~)
  1980년 『월간문학』 등단
  고려대학교 교육대학원 사회교육 지리전공 석사
  한국문인협회 자문위원, 한국시인협회 회원
  시집 『세상 밖으로 흐르는 강』『시간 밖의 꽃밭』 외
  관동문학상, 강원도문화상, 한국예총예술문화상 등 수상

시집을 사면서

조영수

설렁탕 한 그릇 값도 안 되는
시집을 사는 일만으로
허기증이 가신다는 그녀와 마주 앉으면
이중섭의 붓끝에서 달려 나온 황소가
마음 놓고 고삐를 풀어 제친 채
느긋하게 풀을 뜯고 있는 모습도
한 편의 저릿한 시가 될 수 있지요

시집 수백 권을 팔아도 살 수 없는
겨울외투를 겹겹 걸쳐 입고도
가슴이 시려 견딜 수 없다는 사람들이
한 편의 시로 봄을 불러들이려는
그녀의 결 고운 매무새를 빈 가지 흔드는
바람의 헛손질로 우겨댈 것 같은 두려움은
허기증보다 더 무서움이 될 수 있지요

세상 사람들이 모두 귀를 앓고 있어도
시 속에 심어놓아야 할 목소리에서
날 세운 음정은 숨어내야 하지만
생각 안팎 몇 년을 담은 시집 한 권 팔아

점심 한 끼 때울 수 없는 세상 탓을
시 행간에다 넣어놓지 않았다는 걸
시집을 살 때마다 읽어낼 수 있지요.

미나리밭

조영수

미나리무침이 밥상에 오를 때마다
미나리밭에 호미를 던지고
새벽 기차를 탄 누이를 생각한다
미나리밭에선 더 희멀겋던
누이의 맨 종아리까지 버무려
시멘트 포장길로 둔갑한 미나리밭
그 길로 다시 돌아올 수 없다는
입술이 새빨갛게 짙어진 누이
미나리 대신 껌을 씹으며
뱉어 놓은 말마디마다
미나리밭의 거머리가 붙어있다
누이가 열어젖힌 분내 나는 속살에
무시로 달려드는 푸른 지폐로도
다시 일굴 수 없는 미나리밭
미나리밭 거머리처럼 살아갈 우리가
마른 논바닥에서 까드라져야 할 판이데
아내는 생각을 내려놓았는지 걸핏하면
미나리무침을 아침 밥상에 올린다.

제5회

1989년 제5회 윤동주문학상 본상 시집
『너의 이름 나의 시』

박제천

* 서울 출생(1945년~2023년)
  1966년 『현대문학』 추천 등단
  성동고등학교 졸업, 동국대학교 국어국문학과 중퇴
  1994년 문학아카데미 설립
  한국문인협회 자문위원
  시집 『장자시』 『심법』 『율』 『달은 즈믄 가람에』 외
  한국시인협회상, 현대문학상, 펜문학상 등 수상

50일의 잠
― 열자(列子)와 함께

박제천

이 세상의 어느 끝에 있다는
한번 잠자면 50일만에 깨어나는
그 나라에서
너를 만나기로 하자

뜸부기가 울고, 개망초꽃이 피는
둔덕에서
너와 나는 벌거숭이가 되어
밤도 없고 낮도 없는
사랑을 하자

해와 달과 별이
초롱초롱한 눈매로 내려다보고
바람이며 풀벌레며 나뭇잎들은
귀를 기울여
우리 가슴속에 뛰노는 말들을 엿듣는
그 나라에서
우리는 만나서 사랑하고 헤어지기로 하자

깨어서의 일은 모두 헛것이며
꿈 속의 일이 오로지 삶의 몫인

그 나라에서
우리는 50일 동안 잠을 자기로 하자

꿈속에서는 사랑을 하고
한번 깨어나서는 헤어지는
삶을
살기로 하자.

붉은 울음꽃

박제천

검붉게 색이 바뀌고 때묻어 내용을 알 길 없는 동판화 하나 내게 있습니다 선을 따라 손톱으로 때를 후벼내다보면 어렴풋이 떠오르는 그림 하나 내게 있습니다

어린 짐승 한 마리가 홀로 무릎에 얼굴을 파묻은 채 온몸으로 흐느껴 우는 소리가 들려오고 낱낱의 그 소리를 들춰보는 밝은 햇빛이 너무나 눈부셨습니다

둘러보면 모래밖에 보이지 않는 모래구덩이에 들어앉아, 차라리 이렇듯 스스로를 놓아둔다면 모래알이 이윽고 몸을 덮어버리고 지상에는 어디 누가 있었던 자취조차 보이지 않을 모래밭이었습니다

죽어서 땅에 묻어도 심장이 썩지 않아 죽은 지 120년이면 되살아난다는 무계국 사람인 양 동판화 속의 모래밭에 파묻은 열아홉 살의 내가 웬일로 오늘 되살아나는지 알 길이 없었습니다

외로움의 어떤 풀은 잎이 둥글고 줄기가 없으며 붉은 울음꽃을 피울 뿐 열매를 맺지 않으며 너무 먼 곳에 있어 다만 바라만 볼 뿐 가질 수 없다 합니다.

1989년 제5회 윤동주문학상 우수상 시집
『꽃보라의 기별』

김현숙

  * 경북 상주 출생(1947년~)
    1982년『월간문학』등단
    이화여자대학교 영문학과 졸업
    한국여성문학인회·한국시인협회·한국문인협회 회원
    송파문화원 시창삭 강사, 연화주민복지관 도서관 관장
    『한국작가』주간
    시집『유리구슬 꿰는 바람』『마른 꽃을 위하여』『쓸쓸한 날의 일』
    『그대 이름으로 흔들릴 때』『아들의 바다』외
    에스쁘아문학상, 한국문학예술상, 후백문학상, 이화문학상 등 수상

사랑법

김현숙

강가에선
늘 마주하던 산도
건너편으로 아득하고
지척에 도는 순한 물결도
여울목에 들면 지체없는 소용돌이다

한창때엔
먼 것도 그저 가까울 뿐
끌어 앉히는 욕심이더니
못 끊을 인연조차 멀찍이 밀어 놓고
섭섭잖게 바라보느니

이 강을 건너는 수고로움도 없이
어찌 산에 이를까
하루에도 몇 번 삭아내리는
강물의 깊은 속
네가 펼치는 구곡장단을
내 어찌 맨발로 들어서랴
사랑이여.

하산하면서

김현숙

무지개와 은하수가 걸리는 하늘
내 산행의 시작은
더 가까이서 그것을 바라보는 일이지요

산을 올라도
하늘은 내려오지 않고
마을은 아득히 멀었습니다

산을 내려옵니다
알맞은 때에
오르고 있다는 기대를 버리면서

잠든 시간의 마을
어디선가 바람 불고 비가 뿌렸던,
사람들을 만납니다

오래 널어둔 빨래를 거두고
쌓였던 열망을 풀어 버립니다
무지개와 은하수로 통하는
신발을 털어 둡니다
돌아오는 것, 다시 떠나는 희망이므로.

1990년 제6회 윤동주문학상 본상 시집
『길』

김종철

* 부산광역시 출생(1947년~2014년)
  1968년 한국일보 신춘문예 등단
  1970년 서울신문 신춘문예 시 부문 당선
  중앙대학교 예술대학 문예창작과 졸업 및 동 대학원 수료
  중앙대학교 문예창작학과 겸임 교수
  경희대학교 일반대학원 겸임 교수
  제39대 한국시인협회 회장, 한국작가회의 자문위원 등 역임
  시집『서울의 유서』『오이도』『오늘이 그날이다』『못에 관한 명상』
  『등신불 시편』『못의 귀향』『못의 사회학』외
  제4회 남명문학상, 제3회 편운문학상, 제13회 정지용문학상
  제8회 박두진문학상, 제12회 영랑시문학상 등 수상

만나는 법

김종철

어린 시절, 어머니에게 물었습니다
내일은 언제 오나요?
하룻밤만 자면 내일이지
다음 날 다시 물었습니다
오늘이 내일인가요?
아니란다 오늘은 오늘이고 내일은
또 하룻밤 더 자야 한단다

고향에서 급한 전갈이 왔습니다
어머니 임종의 이마에
둘러앉은 어제의 것들이 물었습니다
애야 내일까지 갈 수 있을까?
그럼요 하룻밤만 지나면 내일인걸요
어제의 것들은 물도 들고 간신히 기운도 차렸습니다
다음 날 어머니의 베갯모에
수실로 뜨인 학 한 마리가 날아오르며 물었습니다
오늘이 내일이지?
아니에요 오늘은 오늘이고
내일은 하룻밤이 지나야 해요

더 이상 고향에서 급한 전갈이 오지 않았습니다

우리 집에는
어머니는 어제라는 집에
아내는 오늘이라는 집에
딸은 내일이라는 집에 살면서
나와 쉽게 만나는 법을 알고 있기 때문입니다.

길

김종철

고희를 넘기시고
자주 노환을 앓는
어머니 곁에 누운 밤
천장 벽지의 무늬결 따라
우리는 말없이 걸었습니다
나는 어머니 손을 잡고
어머니는 길 끝을 잡고
나란히 걸었습니다.
너무 걸어 어머니가 눈 붙이면
창밖에서 수염도 깎지 않은
희뿌연 새벽 하나가
종철아, 하고 불러내었습니다.
누고?
어머니가 먼저 눈뜨시며
잠자는 나를 흔들어 깨웠습니다

밖에서는 또 쓸데없이
개가 짖기 시작하였습니다.

1990년 제6회 윤동주문학상 우수상 시집
『백지였으면 좋겠다』

김송배

* 경남 합천 출생(1943년~)
  1983년 월간『심상』등단
  중앙대학교 예술대학원 수료
  한국문인협회 부이사장·제26대 한국예술문화단체총연합회 이사 역임
  한국시인협회 심의위원
  시집『여백의 시학』『나와 너의 장법』『지워진 흔적 남겨진 여백』외
  문화부장관표창, 제11회 영랑문학상, 제27회 조연현문학상 등 수상

이 가을은 풍요롭기만 한가

김송배

가을이 되면서
도시 사람들은 어쩐지
그리움 하나로 풍요롭다
여름내내 잘 영근
치렁치렁한 꿈들은
증발해버린 한 방울 땀으로
눈시울에 말라붙은 응어리
수재(水災)의 고통을 손질하고 돌아서는 울아버지
핏줄 불거진 팔뚝은
언제나 멀리 떠나버린 구름 조각
아, 이 가을에 맞이하는
모든 순명(順命)은 풍요롭기만 한가

오늘도
허리춤에서 조금씩 퍼올린 눈물은
억새꽃 흔들림 속에 묻어두려나
그냥 묻어두려나.

다시 바다에 와서

김송배

내 마음 속 짙게 깔리는
落照를 따라 갔으나
멀리서 솟구치는 파도는
내 곁으로 밀려와서
모래 위에 새겨둔 사연일랑
하나씩 지워야 했다

아름다울 수 없는 추억으로
바다와 밀회하던 여름
그저 따가운 햇살이 무서워
海風에 날려 보내노니
긴 어둠에 묻혀버린
우리들 사랑의 노래
어디선가 두둥실 뭉게구름 위로
내 영혼은 떠가고 있다

어느듯 낙조는 지고
밀려가는 파도 따라
하루 종일 배회하는 그림자 하나.

제7회

1991년 제7회 윤동주문학상 본상 시집
『그대의 수채화』

이경희

* 서울 출생(1935년~)
  1963년 한국일보 박남수 선생 추천
  경기여고 졸업
  한국 최초 여성시 청미회 동인·동서문학 편집위원
  한국현대문학관 이사, 문학의집서울 창립 이사
  시집 『분수』『외로울 땐 편지를』『그대의 수채화』
  『아주 잠시인 것을』외
  한국시인협회상, 최연홍문학상 등 수상

당당한 고독

이경희

오십년 대 명동
국립극장 무대
파우스트의 막이 내리고

단구(短軀)의 서항석 선생께서
박수를 받으며
고개를 모로 숙이고
무대 모서리로
사라지는 모습은

차라리
당당한 고독을
당당히 연기한
한 토막이었다

폐허 위
삼십 대
우리들의 어머니

무대도 없이
박수도 없이

대사도 없이
관객도 없이

혼신으로 지켜 온
당당한 연기

우리들 혈관에
스며 흐르는
어머니의 심지

그
당당한 고독을.

소시민(小市民)

이경희

우리는 만나면
한 그릇의 국밥이면
한 병의 쐬주를
알근하게 비울 수 있지

머나먼 희망을
세계의 평화를
투명한 쐬주잔에
띄워 마시지

지상(至上)의 예술
인텔리겐치아의 낯선 말,
정직한 하루의 땀
속으로 절여들지

우리는 만나면
목줄을 세우지 않고
어깨를 치켜들지 않고
흔들리지 않는 힘

그냥

따뜻이
알딸딸하게
취할 뿐이지.

1992년 제8회 윤동주문학상 본상 시집
『맨발로 일어서는 바다』

김계덕

* 서울 출생(1937년~)
  1976년『시문학』등단
  한국문인협회·국제PEN한국본부 자문위원
  한국현대시인협회 고문
  시집『김계덕 시전집』외

빛과 그림자

김계덕

서로 만나 웃으며
악수한 밤은
서로 감춘 것을 낚아내는
굶주린 포효의 불꽃,
꺼지면 지피고
타버린 노을은
예비된 불씨의 잔해

빛과 어둠이 교차한 막장은
싸늘히 식은
시체와 시체
무거운 밤의 지겨움

서로 만나 악수하고 헤어짐은
서로를 속여
시로 섞일 수 없는
빛과 그림자.

자학(自虐)의 바다

김계덕

영락과 체념의 몸부림
탄식의 오열은
하늘을 울린다

뭍을 품에 안으려는
피맺힌 한
정복의 깃발 꽂지 못해
섬을 묶어
겨드랑이에 볼모로 잡은
바다

무능한 육체를 매질로
샅샅이 부숴내
자학(自虐)으로 미쳐 뒤집는
바다

분골의 거품 업고
둥실 뜬 사물(死物)들
한 척의 해적선이
등불을 켠다.

1992년 제8회 윤동주문학상 우수상 시집
『너는 바다 크기로 내 안에 들어와』

홍금자

* 경기도 수원시 출생(1944년~)
  1987년 『예술계』 등단
  수도여자사범대학 국어국문학과 졸업
  국제PEN한국본부 이사, 한국시인협회 상임위원, 시마을문학회 대표
  저서 『시산, 그 어릿광대』 『지상에는 시가 있었네』
  『풍경이 지워지는 저녁이면』 외
  마포구문화상, 월간문학상, 펜문학상 등 수상

치과를 다녀와서

홍금자

봄부터 가을까지 치과를 다닌다
특이체질 환자의 긴 여행이다
다 닳은 구두 뒤축 갈아내듯
속 깊은 자리의 대구치들의 반란을 제거 한다
몇 수십 년의 끈질긴 인연으로
한사코 매달려 떨어지기 싫어하지만
모른 체 버려둘 순 없다
긴장된 얼굴 위에 구멍포가 씌어지고
그랜드캐년의 물 없는 웅덩이에서
고대 이집트의 미이라를 일으켜 세운다
생명이라곤 털끝만치도 없는 뼈마디를
마구잡이로 흔들 때마다 서교동 451번지
제재소 나무 켜는 소리가 우주에 가득하다
죽음보다 무서운 바(bur)의 집도가 벼랑 끝에 선
하루의 아픔을 저울질하며 창백한 입술에 거울을 댄다
드디어 백 여 만원의 벌금을 물고 다리 하나 잃은
제1번 대구치가 하품을 하며 일어선다
불구가 되어 혼자 서지 못하지만 살아있어
사랑할 수 있다는 감격만으로
어둡고 긴 터널을 헤집고 빠져 나온다.

저문 강가에서

홍금자

언제처럼
소리 없이 다가와
가슴 자락에
얹히는 연민

불 밝힐 수 없는
어둠에서 꿈틀대며
더는 견딜 수 없어
차라리 석상 닮은 외로움이여

낮 동안
힘겹게 버텨온
아픈 그 자리

네가 달아준
십자가에 목이 메는
이 저문 강가

깃발 되어 흔들리는
부끄러운 그림자가
이제 잠들지 못하는
강물 위에 흐르고 있다.

1993년 제9회 윤동주문학상 우수상 시집
『이름을 가진 낙엽』

김영은

* 충북 음성 출생(1945년~)
  1989년『월간문학』등단
  건국대학교 2년 수료
  국제PEN한국본부·한국시인협회 상임위원 역임
  한국여성문학인회 이사
  한국시인협회 중앙위원
  저서『나는 밥을 낳았다』『꿈꾸는 새는 비에 젖지 않는다』외
  1994빛나는 시, 영랑문학상 대상, PEN문학상 등 수상

월악에서

김영은

어둠을 깊게 빨아들인 산
좀체 풀릴 것 같지 않은 어둠의 근원지는
저 깊은 계곡일지 모른다

발치에는 버들꽃 만발해
햇살의 바작거림 넌지시 보아 넘기지만
가슴에 아직 겨울이 묵고 있어
월악은 쉬이 봄을 들이지 못한다
성급히 털목도리를 벗어버린 등산객들이
월악의 변덕에 어질머리 흔들다
서둘러 아랫목으로 꼭꼭 숨어든다

한 밤 산장 뜰에 나서니
달도 없다 별도 없다
숨을 들이 킬 때마다
검은 공기가 한 줌씩 들어와
나는 속부터 물드는 어둠이 된다

바람은 어디서 실어왔는지
채 어둠이 되지 못한 그리움을

하나씩 꺼내 하늘벽에 걸고 있다
잠들었던 별들이 하나 둘 깨어난다
그 중 가까이 다가온 별의 손목을 잡고
나도 별이 된다

월악은
아침이 와도 쉽게 어둠을 풀어주지 않을 듯
계곡을 더 힘주어 오므린다.

말(言)의 모래더미에 묻혀서

김영은

말의 사막으로 걸어가서
어쩌자고 자꾸 걸어 들어가서
낙타 발자국이나 쫓는
한심스런 짓이나 하고 있는 건지
허우적거리다 갇혀버린
겨우 비린내 나는 잡풀 하나 꺾어들고 나는,
내게서 도망간 말(言)의 서릿발이여
삐걱거리는 기도여
자라지 않는 상아빛 손가락이여
골목골목에 켜지지 않는 가로등이여
거꾸로 매달린 사고여

아직도
눈부시고 싶은 날개가 남아 있는가
황홀에 떨고 싶은 꽃이 피는가
욕망에 용트림하는 바람이 부는가

모든 말(言)의 성장이 정지된 지금
조금 환경을 바꾸어 볼 필요는 있는 건지
차분히 노을 속으로 걸어가서

잎새들이 후둑거리는 소리 속으로 걸어들어가서
제가 제 것을 갉아먹는 뼈의 무덤 속을 지나서
가만가만히 생각해 보자

무능과 무식에 분노하는 땀방울로
시(詩)는 없고
영영 시는 없고
내가 쩔쩔 매고 있을 때
살찐 낙타 한 마리 몰아오는 중인지

말〔言〕의 모래더미에 묻혀서 나는.

제10회

1994년 제10회 윤동주문학상 우수상 시집
『물레야 물레야』

정인관

* 전북 임실 출생(1943년~)
  1987년 『예술계』 등단
  명지대학교대학원 국어국문학 석사
  신연중학교 교장·한국문인협회 편집위원장 역임
  시집 『해찰하고 산다』 『한풀이와 신명놀이』
  『얄리얄리얄라셩 얄라리얄라』 외
  한글발전유공자총리상, 한국예총 예술분과 시분야 대상
  창조문학 대상 등 수상

물레야 물레야

정인관

물레야 물레야
고즈넉한 달빛에
문풍지 노랫가락 맞추어
할머니의 한(恨)스러움 피어나고

창문에 그리메* 드리우면
하얀 솜 같은 세상
돌리고 돌리어
괴머리 한(恨) 타령에
물레가락 울고 우는 구나

물레야 물레야
초롱불 간들거리는
기나긴 밤에
털구름 속 시름 풀어내고

한평생 살아도
한 여울목 외줄이거늘
얼키고 설킨 바람 같은 인생살이
울어라 돌아라
한(恨)으로 뭉친 설움

가슴앓이 되어 풀리는 구나.

　* 그리메 : 그림자의 고어.

한(恨)을 풀며
─호미

정인관

무명수건 하나로
세상살이 가리 우고
고초 당초 맵다던 시어머니 눈살 가리 우고
비탈진 구름 한 자리

   가라지― 시어머니 심술보
   억새풀― 시누이 고쟁이 통
   달개비― 시아버지 사랑

우두둑 뽑아 삼키고
들 샘의 물 한 모금
가슴 터놓고 호미갈이 씻어 낸다

할매 할매 우리 할매
땟 수건 목에 걸고 웃텃 밭 매거 들랑
군인 간 막내 생각에
눈물 콧물 한(恨) 타령에
가슴앓이 되지 말고
바람 되어 하늘 자락에 날리소서

사래긴 밭 묵정밭

허리가 동강나 검붉게 타고
한 두레 열 두레
'호미 씻이'* 한바탕 놀아
구레실 두레꾼들
해 그늘 등지고
품앗이 농사 여울질 때
신명놀이 한 가락에
호미 메고 한(恨)도 풀어 본다.

   * 호미 씻이 : 농가에서 논매기를 마치고 잠시 쉬면서 노는 일.
   — 세서연(洗鋤宴)

제11회

1995년 제11회 윤동주문학상 본상 시집
『마음속에 뜬 별』

김소엽

* 충남 논산 출생(1943년~)
  1978년 『한국문학』 등단
  이화여자대학교 문리대 영어영문학과 학사
  연세대학교 연합신학대학원 기독교 교육학 석사
  미국 센트루이스Midwest대학 명예박사학위 취득
  호서대학교 교수 역임, 정년퇴임 후(2008년부터 현재까지)
  대전대문창과 석좌교수로 재직중
  한국기독교문화예술총연합회 총회장·한국크리스천문학가 협회 회장 역임
  시집 『그대는 별로 뜨고』『마음속에 뜬 별』『지금 우리는 사랑에 서툴지만』『그대는 나의 가장 소중한 별』『꽃이 피기 위해서는』『별무리』외
  한국문학상, 이화문학상, 국제펜문학상, 백범애국문화상, 신사임당상, 기독교문화대상 등 수상

바다에 뜬 별

김소엽

부서져야 하리
더 많이
부서져야 하리
이생의 욕심이 하얗게
소금이 될 때까지

무너져야 하리
더 많이
무너져야 하리
억 만 번 부딪쳐
푸른 상처로
질펀히 드러눕기까지

깨져야 하리
더 많이
깨지고 또 깨어져
자아와 교만과 아집이
하얀 물보라가 될 때까지

씻겨야 하리
더 많이

씻기고 또 씻겨
제 몸 속살까지
하늘에 비춰야 하리

그래서 비로소
고요해 지리
슬픔도 괴롬도
씻기고 부서져
맑고 깊은 바다 되리

그 영혼의 바다에
맑고 고운
사랑의 별 하나
뜨게 하리.

별 · 17
―― 이루지 못한 사랑

김소엽

이루지 못한 사랑 마다
별이 되게 하소서

아픈 이별 마다
별이 되게 하소서

눈빛과 가슴빛으로
수천 수만 대화 나누고
멀리 두고 바라만 보게 하소서

속된 사념에서 떠나
오직 드높은 생각만 가지고
그 분과 함께 살아가게 하소서

아름답고 깨끗한 추억 마다
반짝이는 별
별이 되게 하소서.

제11회

1995년 제11회 윤동주문학상 우수상 시집
『섬은 멀리 누워』

김종섭

* 경북 포항 출생(1946년~2020년)
  1983년 『월간문학』 등단
  영남대학교 대학원 졸업
  경주문예대학 부원장·한국문인협회 부이사장 역임
  한국시인협회 상임위원 역임
  시집 『환상조』『내가 길이었으면』 외
  제29회 조연현문학상, 홍조근정훈장, 대통령근정포장 등 수상

나비를 기다림

김종섭

나비가 올까
그 해 봄
아지랑이 속으로 날아간
나비가 올까.

폐수 마시고 자라난
유채꽃 민들레꽃 속
꽃가루를 빨고서
때로는 어지럼증을 앓으며
오수 같은 기억을 뚫고
나비가 올까.

우리가 뜬
한 술 밥 속에
그니의 분 냄새, 살 냄새
가슴앓이로 끓는 사랑 냄새에 취해.

탄가루 공장 연기 자욱한
강변을 건너
구름 속으로 가물가물 날아간
그 나비가 올까.

달맞이꽃·2

김종섭

공산(空山)에 달이 뜨고
가슴에는 달만큼의
그리움 하나 떴다.

추억을 살라간
잔인한 계절의 편력에서
달맞이꽃, 아 너 왔구나
내 가슴에 떠나간
사랑 하나.

고향 언덕에
지천으로 피어나는 참한 꽃
향수처럼 온 밤을 밝히는 꽃등.

공산에 달이 뜨고
가슴에는 달만큼의
그리움 하나 떴다.

1997년 제13회 윤동주문학상 본상 시집
『머문 자리 그대로』

조병무

* 일본 출생(1937년~)
  1963년 『현대문학』 등단
  동국대학교 국어국문학과 졸업
  한국현대시인협회 회장·한국문학평론가협회 부회장 역임
  저서 『떠나가는 시간』 『숲과의 만남』 『문학의 미적 담론과 시학』 외
  제10회 동국문학상 평론부문, 현대문학상, 녹색문학상 등 수상

불국사에서

조병무

누가 여기
그림자를 지웠을까

가람 맴돌다
소매끝 스치면서
실끝에 매달리는
한올의 허망이
살포시 얼굴 가리는
모습으로 지웠을까

시간은
영겁으로 쌓이는데
아무도 멈추지를 않는다

누가 여기
또
한움큼의 보물을 놓았을까

바람 한줌
호호 불다

버려진 입김이
수북히 쌓이는
소망의 마음따라

머물러 버린
모습으로 있는 것일까

어느 누구
보이지 않는
미망의 틈 사이에
큰 눈 굴리며
보는 것일까.

마음

조병무

우리
서로 눈이 마주칠 때
사랑을 읽어야지

우리
서로 마음이 합칠 때
믿음을 읽어야지

사랑과
믿음이
이어줄 때

깊고
오랜 세월을
간직하며 살아야지.

제13회

1997년 제13회 윤동주문학상 우수상 시집
『지리산에 무릎꿇고 머리 수그리고』

송희철

* 전북 부안 출생(1933년~)
  1984년 『월간문학』 등단
  전북대학교경영대학원 졸업
  지리산국립공원(북부) 소장·내장산국립공원(남부) 소장·변산반도
  국립공원소장 역임
  시집 『지푸라기의 노래』 『하부지의 노래』 외
  동인문학상 등 수상

지리산에서
―무너지고 있다

송희철

산이
긴 한숨을 쉬기에
그에게로 다가가
웬 한숨이 그리 깊으냐고 물었더니

노한듯
슬픈듯
보기 싫구나
너무도 인간들이 보기 싫구나

돌아앉는
산의 뒷머리가 벗겨져 있었다
어깨 한쪽이
무너지고 있었다.

지리산에서
― 나무로 서서

송희철

선 자리
그만큼만 차지하고
서서히 뿌리내리며 무심히 살았다

하늘을 다 주어도
주는 대로 받아 흘리고
비바람으로 목을 축이며
계절 따라 뼈에 스미는 그리움으로

잎피고
꽃피고
열매 맺지만

다시 헐벗어
하늘 아래 빈 몸으로 서 있는
나는 나무.

1998년 제14회 윤동주문학상 본상 시집
『살아 있는 날들의 이별』

이향아

* 충남 서천 출생(1938년~)
  1966년 『현대문학』 등단
  경희대학교 국문학과 졸업 및 동대학원 현대시 박사
  호남대학교 명예교수
  한국문인협회 자문위원
  저서 『안개 속에서』 『별들은 강으로 갔다』
  『모감주나무 한 그루 서 있었네』 외
  제40회 한국문학상, 제5회 신석정문학상 등 수상

아지랑이가 있는 집

이향아

집에는 내 부끄러운 풍속이 있다
밥통 같은, 간장종지 같은, 요강단지 같은
집에는 부스러진 내 비늘이 있다
머리카락 같은, 손톱 같은, 살비듬 같은
집에는 내 아지랑이가 있다
빨주노초파남보 세어보는 색깔
집에는 슬픈 껍데기 얼룩진 콧물
그보다 치사한 인정이 있다
집에는 내 냄새가, 고집이 있다
앉아서 돌이 되는 집념이 있다.

그것이 걱정입니다

이향아

짓밟히는 것이 짓밟는 것보다 아름답다면
망설이지 않고 그렇게 하겠습니다
피 흐르는 상처를 들여다보며
흐르는 내 피를 허락하겠습니다
상처 속 흔들리는 가느다란 그림자
그 사람의 깃발을 사랑하겠습니다
천년 후에 그것이 꽃이 된다면
나는 하겠습니다
날마다 사는 일이 후회
날마다 사는 일이 허물
날마다 사는 일이 연습입니다
이렇게 구겨지고 벌집 쑤신 가슴으로
당신에게 돌아갈 수 있을는지 몰라
나는 그것이 제일 걱정입니다.

1998년 제14회 윤동주문학상 우수상 시집
『정동진 역』

김영남

* 전남 장흥 출생(1957년~)
  1988년 『월간문학』 등단, 1997년 「세계일보」 신춘문예 당선
  중앙대학교 경제학과 및 동대학 예술대학원 졸업
  저서 『모슬포 사랑』 『푸른 밤의 여로』 『가을 파로호』 외
  제10회 중앙문학상, 문학과 창작 작품상, 현대시작품상 등 수상

정동진 驛

김영남

겨울이 다른 곳보다 일찍 도착하는 바닷가
그 마을에 가면
정동진이라는 억새꽃 같은 간이역이 있다
계절마다 쓸쓸한 꽃들과 벤치를 내려놓고
가끔 두 칸 열차 가득
조개껍질이 되어버린 몸들을 싣고 떠나는 역
여기에는 혼자 뒹굴기에 좋은 모래사장이 있고,
해안선을 잡아넣고 끓이는 라면집과
파도를 의자에 앉혀놓고
잔을 주고받기 좋은 소주집이 있다
그리고 밤이 되면
외로운 방들 위에 영롱한 불빛을 다는
아름다운 천정도 볼 수 있다

강릉에서 20분, 7번국도를 따라가면
바닷바람에 철로쪽으로 휘어진 소나무 한 그루와
푸른 깃발로 열차를 세우는 驛舍,
같은 그녀를 만날 수 있다.

푸른 밤의 여로
―― 강진에서 마량까지

김영남

둥글다는 건 슬픈 거야. 슬퍼서 둥글어지기도 하지만 저 보름달을 한 번 품어보아라. 품고서 가을 한가운데 서봐라.

푸른 밤을 푸르게 가야 한다는 건 또 얼마나 슬픈 거고 내가 나를 아름답게 잠재워야 하는 모습이냐. 그동안 난 이런 밤의 옥수수 잎도, 옥수수 잎에 붙어 우는 한 마리의 풀벌레도 되지 못했구나. 여기에서 나는 어머니를 매단 저 둥근 사상과 함께 강진의 밤을 걷는다. 강진을 떠나 칠량을 거쳐 코스모스와 만조의 밤안개를 데리고 걷는다. '무진기행'*은 칠량의 전망대에 맡겨두고 부질없는 내 시와 담뱃불만 데리고 걷는다. 걷다가 도요지 대구*에서 추억의 손을 꺼내 보름달 같은 청자 항아리 하나 빚어 누구의 뜨락에 놓고, 나는 박처럼 푸른 눈을 욕심껏 떠본다.

구두가 미리 알고 걸음을 멈추는 곳, 여긴 푸른 밤의 끝인 마량이야. 이곳에 이르니 그리움이 죽고 달도 반쪽으로 죽는구나. 포구는 역시 슬픈 반달이야. 그러나 정말 둥근 것은 바로 여기에서부터 출발하는 거고 내 고향도 바로 여기 부근이야.

*무진기행 : 안개 묘사가 환상적인 김승옥의 소설.
*대구 : 전라남도 강진군에 있는 우리나라 최대의 고려청자 도요지.

1999년 제15회 윤동주문학상 우수상 시집
『울음과 노래』

박종숙

* 경기도 부천 출생(1958년~)
  1992년 『시대문학』 등단
  숙명여자대학교 국어국문학 졸업
  국제PEN한국본부·한국문인협회·한국여성문학인회·한국시인협회 회원
  저서 『낯선 땅에서 낯선 곳으로』 『세상 밖의 일들』 『동막리』 외

섬은 그렇게 운다

박종숙

울고 있다
발목까지 얼어붙은 억새풀과
풀지 않을 것 같은 겨울잠
거두어 2월 볕에 나앉아 해바라기를 하는
아주 능청스런 갈매기들이었다
만선의 그물 속에서 고기를 묻혀내듯
작은 등을 쉼 없이 쪼아대는
안쓰러움을 나는 보아야 했다
비명도 없이 부표처럼 떠 있는
경포호의 저 갈매기 섬
나와 닮은 것이 너무 많아
난 또 울어야 했다
본연의 때깔은 자취도 없이
새들에게 다 줘버려
험상궂게 늙어버린 바윗덩이
아침부터 밤을 기다리고 선 물결에
소리도 못 내며 노파처럼 우는 섬
그냥의 섬 하나가 거기 울고 있다.

기억 소묘 · I
── 진달래

박종숙

어머니는 젖먹이 동생을 내 등에 업혀 놓고 갯고랑 건너 영인산*으로 나무를 하러 나섰다. 동네를 한 바퀴 돌고 마당을 몇 차례 돌아도 엄마는 오질 않았다. 배고파 우는 아기를 넋을 빼듯 뛰며 달래도 줄 게 아무 것도 없는 어린 누이는 우는 동생 입에 빈손가락을 빨렸다. 해가 머리 위에 설 때쯤 물 건너에 나뭇동을 인 아주머니들이 줄지어 오는 게 보이면 난 금세 울엄마를 찾을 수 있었다. 엄마보다 몇 갑절은 큰 나뭇동을 머리에 이고 걸어오는 엄마, 사슴의 뿔처럼 진달래 꽃가지를 나뭇동에 꽂고 힘겹게 걸어오는 엄마, 등에 업힌 아기는 젖을 기다리고 나는 진달래를 기다렸던 시절, 정말 배고팠던 그때를 한 번도 잊은 적이 없다. 해마다 온 산에 붉은 빛이 물들면 어머니 얼굴과 어린 동생의 얼굴이 맨 먼지 떠오른나. 입술이 까맣도록 타던 그 맛도.

* 영인산 : 충남 아산시 영인면에 있는 산 이름.

제16회

2000년 제16회 윤동주문학상 우수상 시집
『혼 놓은 바람 떨트리면』

이희자

* 충남 금산 출생(1947년~)
  1983년 『월간문학』 등단
  한국문인협회 이사
  미래시동인·국제PEN한국본부 회원
  서서 『소문같이 햇살이』 『내게도 비밀 하나쯤은』 『루마즈 일기』 외
  제11회 동포문학상 등 수상

빈 들녘의 노래

이희자

할 일을 다 마쳤나봐
알곡은 알곡끼리
껍데기는 껍데기인 채
길 떠나는 빈 들녘에 서면
나는 알곡이든가 껍데기이든가
돌아다보면
내 것 아닌 남의 것으로
건성 살았나봐
온 몸은 푸른 반점 짙은데
나를 거두어 줄 햇살마저 놓치고
이제 때늦은 허리 굽혀
조금씩 허물을 벗겨가야지
내일의 또 다른 나를 채우기 위해.

소나기

이희자

오뉴월 긴긴 해
기다리는 일
온 생애 전부였느니

청청하늘
등에 지고
숨 죽여 엎뎠으니

참을 수 없음이여
남김없이 이 한 몸
바수어 던지려니

찢기고 헤친 살점
내 그대 앞에 쏟아놓는
한 낮의 눈물이고져.

제17회

2001년 제17회 윤동주문학상 본상 시집
『꿈은 아니겠지요』

안혜초

* 서울 출생(1941년~)
  1967년『현대문학』등단
  이화여자대학교 영어영문학과 졸업
  세계여기자작가협회 한국지부 부회장 역임
  한국문인협회 대외협력위원, 국제PEN한국본부 자문위원
  저서『귤, 레먼, 탱자』『살아있는 것들에는』외
  국제PEN한국문학상 등 수상

詩의 바다

안혜초

시에게 미안하다 아니면
나에게 시가 미안한 것인지
내가 먼저 시에게서 도망치려
했던 것인지 시가 먼저 나에게서
도망치려 했던 것인지
도망쳐도 도망쳐도 五里(오리)도 못 가
내가 먼저 시에게 발목을 잡히는
것인지 시가 먼저 나에게
발목을 잡히는 것인지
아리랑 아리랑 아라리요
도랑물 흘러서 개울물
개울물 흘러서 강물이 되어
때로는 한 송이의 수련으로
둥둥 떠다니다가
때로는 조가비 속의 돌멩이로
꼭꼭 쟁여 있다가
아리랑 아리랑 아라리요
괴로워도 즐거워도 물결 하나로
즐거워도 괴로워도 시와 더불어
(세계는 하나 지구인도 하나
우리들의 맨 처음 고향은
사랑, 구원의 그 바다이고저!)

쓸쓸함 한 잔

안혜초

쓸쓸함 한 잔
드실까요

초가을 맑으나 맑은
말씀으로
고여서 오는

초가을 높으나높은
하늘빛깔의
머언
그리움

한 숟갈 넣어서.

2002년 제18회 윤동주문학상 본상 시집
『리모컨과 풍경』

김지향

* 경남 양산 출생(1938년~)
  1956년 시집『병실』로 작품활동 시작
  서울여자대학교 대학원 문학박사
  한양여자대학 문예창작과 교수 역임
  한국문인협회 자문위원, 한국시인협회 중앙위원
  저서『병실』『막간풍경』『사랑 그 낡지 않은 이름에게』외
  제1회 시문학상, 1986년 대한민국문학상, 박인환문학상 등 수상

리모컨과 풍경

김지향

휴일
심심한 저녁 때
나는 창가에서 잠자는 리모콘을 깨운다
리모컨의 뇌세포는 나보다 훨씬 개수가 많은지
나보다 먼저 내 생각을 알고 있다

리모컨이 창 밖의 창을 열어제낀다
깊숙이 집어넣은 내 눈에 들어온 사람들
가라앉은 몸속에 다 저문 삶을 꼬깃꼬깃
접어 넣고 앉아 있다

사람을 지나 창밖으로 몸을 누인
강변북로로 간다

멀리 다림질이 잘된 빌딩 머리에
홍시 같은 햇덩이가 오늘도 어김없이
몸이 뭉개지고 있다
빌딩 목으로 넘어가는 다리 짧은 시간이
원추형으로 으깨진 핏덩이 몸을 끌어간다

꼴깍, 나의 리모컨 조리개가

전기 고압선에 얽혀 뇌세포 한 둘쯤 죽어버렸는지
강변 한쪽 풍경이 지워졌다 한쪽 구석은 접혀졌다

접혀진 풍경 옆구리 버티고 선 다리 사이
또 한개 다리가 강을 건너뛰고 있다
눈에 안약을 넣은 수은등이 파란 눈을 반짝이며
강변북로의 삶을 들어 보이고 있다

접혀진 풍경을 펴본다
뒤로 밀쳐진 사람들이 나온다 어둠이 되고 있는
사람의 의미 있는 아픔들이 내다본다
방금 빌딩 목울대로 넘어간 햇덩이의 각혈처럼

(바깥 풍경만 보는 이들은 아무도 접혀진 삶의 아픔을 모르지만)

눈치 빠른 나의 리모컨은 아직 자지도 않지만
남은 다른 쪽의 풍경을 다음 휴일로 넘겨버린다
깊은 밑바닥이 드러날 땐 얼른 조리개를 꺼버리는
리모컨, 나보다 지능지수가 얼마나 높은지?

세상과 시

김지향

세상은 시다

　발코니 창문을 내다보면 반듯반듯한 찻길이 직사각형의 몸매를 끌고 반듯하게 가다가 허리 구부린 하늘 다리쯤에서 세상 밖으로 지워진다. 찻길에는 서로 다른 장방형의 차량들이 제각기 제 모양의 성질있는 눈을 달고 또 다시 하늘 다리 밑에서 지워진다. 내 눈 옆 오른쪽에서 왼쪽으로 콤퍼스 다리를 돌리면 원추형의 몸통 위에 뾰족 십자가 안테나를 얹어놓고 사방에 빛을 뿌리고 있는 교회가 거대한 몸통의 아파트와 눈싸움을 하고 있다. 그 옆과 옆으로 서로 팔걸이로 몸을 기대고 있는 북구풍 빌라와 오피스텔 멀리 뒤편 모과나무 울타리 속에 몸을 숨긴 앉은뱅이 주택들이 골목길을 사이에 두고 소곤소곤 도시의 다성악을 이야기하고 있다. 모양이 각기 다른 명찰을 달고 앉아있는 건물들 지퍼를 열어보면 차곡차곡 세월에 절인 핏빛 삶을 담은 생수 같은 시가 불쑥 솟아나온다. 나는 날마다 삶의 시를 구경하며 살아서 솟구치는 생것의 시를 만져보며 떠나가는 시간의 손에 한 잎씩 쥐어보낸다. 얼마나 많은 시를 얼마나 많은 시간 속으로 보냈는지 아직 계산은 안 했지만 새로운 날들은 또 다시 새로운 시를 보여줄 것이다.

　세상은 시를 품고있는 시의 창고이다.

제19회

2003년 제19회 윤동주문학상 본상 동시집
『대추나무 대추씨』

신현득

* 경북 의성군 출생(1933년~)
  1959년 조선일보 신춘문예 동시 당선
  단국대학교 대학원 국어국문학 박사
  제3대 새싹회 이사장·한양여자대학 문예창작과 겸임교수 역임
  저서 『통일비빔밥』『동시의 눈과 귀』『고추장 체면 살리기』 외
  방정환문학상, 제7회 윤석중 문학상 등 수상

강아지나무

신현득

강아지 열리는 나무가 있다면
그런 나무 한 그루
가꾸었음 해요

삽살이가 열리는
삽살강아지나무
바둑강아지가 열리는
바둑이 나무

진돗개
셰퍼드
스피츠
털이 긴 테리어종
앙증맞은 치와와…

이런 강아지나무에
강아지꽃이 피었다가
꽃술, 꽃잎 진 뒤에
강아지가 열려
"망 망!"
"망 망!"

짖으면,

예쁜 놈 한 마리
똑 따서
기를 거예요

엄마께
강아지 사 달라
조르지 않아도 되죠.

통일이 되거든, 우리

신현득

통일이 되거든
우리, 같이 살게 되거든

같은 학교
같은 반
같은 책상을
같이 쓰는 거다

"그때는
남이네, 북이네 했지."
옛말 해 가며 웃는 거다

같이 읽는 책에서
'분단이다'
'슬픔이다' 하는 말
싹싹 지우는 거다

통일의 노래까지
싹싹 지우는 거다

점심 시간에

도시락 반찬
나눠 먹으며
"그땐 북이네
남이네 했지." 하고
웃는 거다

운동장에 나가
공기도 하고
공도 차면서

떠들썩
우쭐대는 거다.

2004년 제20회 윤동주문학상 본상 시집
『훈풍에게』

김석규

* 경남 함양군 출생(1941년~)
  1967년『현대문학』등단
  부산대학교 교육대학원 국어교육학
  언양여자상업고등학교 교장·부산시인협회 회장·울산교육연수원장 역임
  저서『파수병』『백성의 흰옷』『고장난 희망』외
  황조근정훈장 등 수상

윤동주의 가을

김석규

하루 다르게 높아가는 하늘엔 가을이 내려앉고
부쩍 늘어난 주름살의 어머니는 북간도에 세신다
쇠잔한 햇살의 밭은기침 비껴내리는 후꾸오까형무소
해종일 쥐 죽은 듯 적적한 생체실험실 유리창
담벽에 그슬리는 청년의 초췌한 그림자
말라가는 손으로 담쟁이덩쿨만 더듬는다
세균을 주입하고 나서 배설물의 반응을 보고
살갗 벗겨낸 자리에다 병균을 뿌리거나
동맥에 공기를 넣어 혈관이 막히는 과정을 살피고
신장에 말오줌을 주사한다든지
혈관에 말과 원숭이의 피를 섞어 주사하는
실험들로 간특한 침탈의 야욕을 불려 가는 시대
잎새에 이는 바람에도 어찌할 바를 몰라
밤이면 별을 불러 모으던 맑은 영혼의 시인
떨어져 날리는 나뭇잎에 소소한 바람 소리
이미 가을도 깊어 기울어질 대로 기울어진
암울한 시대의 쇠창살 밖으로는
밤 깊도록 유성 소나기 되어 길게 금 긋고 가는데.

그리운 나라

김석규

부지런한 사람들은 일하는 데에만 참척해
대통령이 누구인지도 모르고 살아가는 나라
정치 이야기는 시시해서 아예 귀를 닫고
벼슬아치들 하나같이 자전거를 타고 다니거나 말거나
백성들이 진정으로 듣고 싶어 하는 것은
아이들 소리로 시끄러운 동네 이야기서부터
와자하게 웃음 쏟아지는 사람 사는 이야기
어느 마을에는 효자 효녀 효부가 살고 있고
또 어디에선 세쌍둥이를 낳았다고
지난해보다 살림살이가 몇 배로 늘어났다느니
굴뚝 높이가 세계 최고인 공장이 들어섰다느니
그래서 일할 사람이 턱없이 모자란다 하고
노인들은 비단옷에 고깃국을 먹고
기로잔치에 장관이 때때옷에 춤을 추었다느니
범죄자 수용시설은 텅 텅 빈 지가 오래되었고
들판엔 사람이 들지도 못 할 호박이 열리고
바다에선 그물이 무거워 끌어올리지 못한다느니
날마다 흐뭇한 이야기에 귀가 솔깃한 나라.

제23회

2007년 제23회 윤동주문학상 본상 시집
『그 하늘 아래』

김광자

* 호는 雪津, 詩宕
  일본 나가사키 출생(1943년~)
  1990년『詩와 批評』, 1992년『月刊文學』등단
  부산여자대학 사회교육원 문예창작강사(역임)
  전남 광주대학교 문리과대학 문헌정보학과 졸업
  36년간 교직에서 봉직(퇴임)
  한국문인협회 한국문학관건립준비위원회 위원장
  한국시인협회 심의위원, 한국여성문학회 이사
  부산시인협회 이사장, 국제PEN한국본부 이사 역임
  시집『해운대 아리랑』『그하늘 아래』『그리움의 美學』
  『臥牛山 고을』『詩軸日記』등 총 14권
  제61회 부산광역시문학상, 제17회 부산시인협회상
  2003년 대한민국향토문학상, 제4회 雪松문학상
  제6회 해운대애향대상 등 총 14종 수상

그 하늘 아래
── 雨中日記

김광자

흙탕물 길바닥을 뜀박질하는 빗발들과
빗속을 뜀박질하는 이십삼 센티미터
밑창 낡은 운동화
알 발가락 입을 열고 삐죽거리기에
진흙땅도 따라 칭얼대며 집으로 가는
우중의 하교(下校) 길

비 피한 처마 밑에서
컴컴하게 우는 하늘 올려보며
슬픔을, 비관을 원망할 줄조차 모르고
빗방울로 둥둥 떠내려가던 사춘기의 무지개

살 꺾인 비닐우산 젖은 옷 속울음 울어도
그러려니, 그런가 보다 하고
빠끔히 내미는 여우볕 나의 하늘

비 새는 함석지붕, 물받이 투정되는 집으로 와
구정물이 흙탕물 튕겨 눈물 젖은 교복을 훔치고
비 울음 말려가며 훌쩍이든 우중의 일기장

지금도 눈감아 펼치는 그 하늘 아래

비를 맞는 아슴아슴한 내 풍경
마냥 아쉽고 멀고 먼 — 그리움 뜀박질이다.

우리들 이별 뜨겁게

김광자

애끓는 삶 한 삽 푹 떴다
하관(下棺)에 퍽! — 떨어진다
다 살지 못한 생애를 채우기 위해
흙으로 돌아간다
한 세상 모두 울어보지 못한 게 서럽고
눈물은 江으로 흐르지 못하여 흐르고 흘러
땅속을 하관한다
깨어진 사금파리 흰 눈자위 뜨고
이렇게 돌아갈 곳 있으니
저 세상 입적하는 토신제*(土神祭) 바라보는
눈빛이 여직도 푸르다
마지막 비추는 햇살이 입적자리 개토 속을
빛 바르면 억척이던 시간이 문을 닫는다
초앳꽃 갈바람 깔고 누워
할미꽃이 채 되지 못한 비명을 앞세운 만장(輓章)
피지 못한 계절을 읽는다

우리들 이런 건가?
하늘만이 아는 수수께끼
사랑하자! 뜨겁게! 한 번뿐인 이것을
애끓던 삶 꾹꾹 밟는다.

　　* 토신제 : 매장 직전 관을 묻을 터에 망자가 묻힌다는 걸 신고하는 제
　　　　(매장풍습).

2008년 제24회 윤동주문학상 본상 시집
『해이리 시편』

이길원

* 충북 청주 출생(1945년~)
  1991년 『시문학』 등단
  연세대학교 졸업
  한국시인작가협회 회장 역임
  한국문인협회 자문위원
  국제PEN한국본부 이사, 국제PEN한국본부 33대 이사장 역임
  망명북한작가PEN 고문
  시집 『하회탈 자화상』 『은행 몇 알에 대한 명상』
  『계란껍질에 앉아서』 외
  천상병시상, 대한민국문화예술상 등 수상

견공(犬公)의 등기(登記)

이길원

놈이 이 땅에 등기를 낼 줄이야
목줄에 끌린 저녁 산책길
그래도 놈이 가는 곳은 일정했다
감나무 밑에 오줌 한 줄기
몇 발짝 더 가
싸리나무 곁에 또 한 줄기
국화 꽃잎에 코 대고 킁킁
빙 둘러 경계 그으며 등기 내더니
살을 붙이듯 조금씩 넓힌다
나도 어렴풋이 놈의 땅을 짐작한다
그 땅 안에서 놈은 왕이다
길 잃은 개라도 들어오면
이빨 세워 으르렁
놈의 허락 없이는 넘볼 수 없는 영역

인간들도 그 땅에 금 그으며 킁킁거린다
노을을 타고 앉은 부처님이 빙긋 웃는다.

우츄프라 카치아

이길원

우츄프라 카치아를 아시나요.

아프리카 어둡고 축축한 밀림 속. 옅은 바람에 묻은 물기. 어둠 속 한 줄기 빛으로 사는. 그러나 누가 자기 몸을 건드리면 시들시들 기운을 잃다가 말라버리는. 그 까닭이 알고 싶은 어느 식물학자. 수많은 꽃잎을 말려 죽인 후에야 그리움과 고독에 목말라 목이 말라 애태우다가 스스로 죽어 가는 꽃임을 겨우 눈치챘답니다. 자신의 몸을 스쳐 지나간 바로 그 사람이 매일 매일 단 하루도 잊지 않고 어루만져 주면 생생하게 되살아나는. 꽃잎마다 그리움 가득 담은 고독한 꽃임을 겨우 알았답니다.

한 번의 인연에 목숨 거는
가련하고 애절한
그녀 같은.

2009년 제25회 윤동주문학상 본상 시조집
『낱말』

문무학

* 경북 고령 출생(1951년~)
    1982년『월간문학』등단
    대구대학교 대학원 국어국문학 박사
    대구문협회장, 대구예총회장, 대구문화재단 대표 역임
    한국문인협회 해외문학발전위원
    저서『뜻밖의 낱말』『ㄱ』『시조비평사』『예술이 약이다』외
    이호우시조문학상, 유심작품상, 한국예총예술대상
    대구광역시문화상 등 수상

바다
―낱말 새로 읽기·13

문무학

'바다'가 '바다'라는 이름을 갖게 된 것은

이것저것 가리지 않고 다 '받아' 주기 때문이다

"괜찮다"

그 말 한마디로

어머닌 바다가 되었다.

인생의 주소

문무학

젊을 적 식탁에는 꽃병이 놓이더니
늙은 날 식탁에는 약병만 줄을 선다

아! 인생

고작 꽃병과 약병
그 사이에 있던 것을…

2011년 제27회 윤동주문학상 본상 시집
『금빛바다』

김창완

* 전남 신안군 출생(1942년~)
  1973년 서울신문 신춘문예 시 당선
  조선일보사 기획출판부장, 한국문화예술진흥원 이사,
  한국문인협회 사무국장 역임
  시집 『인동일기』 『금빛바다』, 시조집 『봄이니까』 외
  오늘의 시인상, 삼봉문학상 등 수상

인절미

김창완

나는 뼈 없이 말랑한 몸으로 태어나
잡아당기면 잡아당기는 대로 늘어나고
누르면 누르는 대로 납작해지는
만만한 무저항주의자로 살아오면서

인생이 고소한 콩고물인 줄 알고
떡매 쳐 으깬 청춘을 차지게 뭉쳐
진세(塵世)에 마구 굴렸더니
콩가루 된 나날이 어지러이 흩어졌습니다

그러고 나서야 나는 깨달았습니다
돌멩이처럼 단단해져야 한다는 걸
그래야 쉬지도 상하지도 않는다는 걸
곰팡이 따위도 함부로 끼지 못한다는 걸
물어뜯는 이빨도 부러뜨릴 수 있다는 걸

이런 나를 잘근잘근 씹어 먹으려면
숯불에 굽든지 찜솥에 찌든지 하세요
뜨거운 맛을 봐야 말랑말랑해지는
여느 사람들처럼 나도 속물이거든요

하지만 쉽게 꿀꺽 삼키다간
목구멍이 막힐 수도 있으니 조심하세요
결코 호락호락하고 싶진 않으니까요.

바다의 사랑법

김창완

사랑의 생채기로 남은 바위섬을
바다는 지워 버리고 싶었는지도 모른다
닦고 쓸고 밀고 지우고 그렇게 천 년
두드리고 때리고 차고 덮치고 패대기치고
또 그렇게 천 년
길길이 날뛰고 으르렁거리고 물어뜯고 집어삼켜도
천 년이 어제인 듯 바위섬은 지워지지 않았다
그래서 파도는 마음을 바꿨는지도 모른다
사랑의 생채기라면 차라리 함께 살자고
껴안고 쓰다듬고 보듬고 온몸으로 함께 뒹굴었다
파도는 바위섬을 품에 안아 어르고
바위섬의 무릎을 베고 잠들기도 했다
그러자 언제부터인가 바위섬 허리에서
미역 다시마 듬북 굴 소라 방게가 자라더니
바닷새가 바위섬의 바위틈에 알을 낳았다.

2012년 제28회 윤동주문학상 본상 시집
『걸어서 에덴까지』

유안진

  * 경북 안동 출생(1941년~)
    1965년 시 「달, 위로 별」로 데뷔
    플로리다주립대학교 대학원 교육심리학 박사
    서울대학교 명예교수
    한국문인협회 자문위원
    저서 『봄비 한 주머니』『지란지교를 꿈꾸며』 등 150여 권
    제10회 정지용문학상, 제6회 목월문학상 등 수상

다보탑을 줍다

유안진

고개 떨구고 걷다가 다보탑을 주웠다
국보 제 20호를 줍는 횡재를 했다
석존이 영취산에서 법화경을 설하실 때
땅속에서 솟아나 찬탄했다는 다보탑(多寶塔)을

두발 닿는 여기가 영취산 어디인가
어깨 치고 지나가는 행인 중에 석존이 계셨는가
고개를 떨구면 세상은 아무데나 불국정토 되는가

정신 차려 다시 보면 빼알간 구리동전
꺾어진 목고개로 주저앉고 싶은 때는
쓸모 있는 듯 별 쓸모없는 10원짜리
그렇게 살아 왔다는가 그렇게 살아 가라는가.

옛이야기 이치(理致)대로

유 안 진

언덕에서 고개 티 재 현(峴) 영(嶺)마루까지
순서 없이 넘어도 얼키설키 전설(傳說)처럼
살아온 모두가 소꿉놀이 같았어라

개천바닥의 미꾸라지 였다 해도
도롱뇽이었다 해도
황새 흉내 내다 가랑이 찢어진 뱁새였다 해도
그저 장하고 대견하고 기특했어라

애달픈 토막일수록―잘 살았다―했으니
옛날 옛쩍도 간날 갓쩍도
오는 세월 또한 그럴 거라고 웃어져라.

2013년 제29회 윤동주문학상 본상 시집
『살아가는 슬픔, 벽』

강우식

* 강원도 강릉 주문진 출생(1941년~)
  1966년 『현대문학』 등단
  성균관대학교 대학원. 문학박사
  월간 문학과 창작 주간, 성균관대학교 어문학부 교수 역임
  한국문인협회 자문위원
  저서 『물의 혼』『고려의 눈보라』『소이부답(笑而不答)』외
  제15회 한국시인협회상, 제5회 김만중문학상 대상 등 수상

살아가는 슬픔, 벽

강우식

가을비

1
사는 게 무서워서 속 시원히 울 새도 없었는데
누가 이리 한가하게 천지를 적시며 오시나.

2
흩뿌리는 산란한 머리채… 추적추적 신발 끄는 소리
해종일 젖은 무릎으로 시보다 도토리 줍는 두보.

3
빈한하게 살은 한 생이었다고 푸념치마라.
누군들 저 비울음에 젖어 목줄 떨며 안 지나가겠는가.

4
하늘이 파랗다고 그 물빛에 비처럼 너무 젖으면
낡은 사랑도 마른 가슴에 서럽게 되살아난다.

5
가을비를 맞으며 사람이 낙엽처럼 벗는다.
가진 거 다 놓아야 겨울을 이기는 자연을 안다.

하나님

강우식

아내를 사랑할 때는 당신을 찾지 않았습니다.
아내를 잃으니 하늘에 닿는 슬픔에 당신을 부릅니다.

꽃·2
국경의 끝에는 어디서 흘러들어와 어떻게 피었는지
술 취한 사내를 그물 끌 듯이 당기는 비린 여자가 있다.

단풍
죽어가는 색이 저토록 아름다운 것은 가을이
아직 생을 놓지 않아서이다. 생을 놓지 마옵소서.

벚꽃·1
생선 회칼 같은 바람이 한 번 부니
꽃잎들이 멸치비늘처럼 떨어졌다.

흙
일생 땅 한 뙈기 가진 거 없어도
내 죽어 누군가의 흙이 되다니 고맙다.

제29회

2013년 제29회 윤동주문학상 본상 시집
『자연을 생각하며』

김년균

* 전북 김제 출생(1942년~)
  1972년『풀과 별』추천완료
  서라벌예술대학 문예창작과 수학
  제24대 한국문인협회 이사장 역임
  현재, 한국문인협회 고문
  저서『사람』『풀잎은 자라나라』『숙명』『자연이다』외
  제20회 한국현대시인상, 제2회 윤병로문학상 등 수상

자연을 생각하며

김년균

1. 하늘

안 보인다고 없으리란 법 없다
소문 있으면 귀 기울이고 믿어 볼 일이다
아니 땐 굴뚝에선 연기 나지 않는다
죽으면 날개 달고 날아가는 곳,
꿈 많은 사람들이 기웃거리는 곳,
그곳에 하느님이 계시다면
얼마나 바쁘신지 지켜보고 싶다
그곳에 지옥과 천당이 있다면
서로가 얼마나 다른지 비교해보고 싶다
상 받는 자와 벌 받는 자가 구별되었음은
하늘이 내린 엄한 규율일 터,
어제 내린 비가 무슨 뜻이랴
혹여 벌 받는 자의 눈물은 아니랴
보이지 않으니 장담할 수 없지만
보이지 않는다고 안 믿을 수도 없다
하늘은 비밀에 싸인 창고다
너무 웅장하여 짐작도 할 수 없는
한평생 기다려도 소식이 없는

2. 땅

처음 만나도 낯설지 않다
세상 것 모두 모여 함께 사는 곳,
씨뿌리면 어김없이 싹이 돋는 곳,
싹은 자라고 또 자라서
세상을 기르는 양식이 된다
이만큼 확실한 곳은 없기에
모든 존재는 여기서 나고
때가 되면 지체 없이 물러선다
처음 만나도 낯설지 않지만
오래 살아도 마냥 그대로인 채
언제나 끊임없이 펼쳐지는 곳,
하릴없는 세월은 뒷전에 누워 있고
해와 달은 길 잃은 자를 위해
밤낮없이 빙빙 돌며 길을 비춰준다
땅이여! 조상 대대로 뼈를 묻어온
우리들의 대지여!

3. 해

너는 우주의 장자다
네 몸의 열이 6천도에 이른다고 한다
네 몸이 그만큼 뜨거운 것은
네가 그만큼 자신 있기 때문이다
너는 평화의 날개다
네가 솟아야 지구도 솟구친다
너는 오직 밝고 빛날 뿐
어둠은 근처에도 두지 않는다
너는 꿈의 과녁이다
꿈의 중심, 그 중심의 초점이다
억겁이 가도 시들지 않는 열정으로
오로지 그 꿈을 위해 자리를 편다
너는 사랑의 천사다
네가 있어야 풀도 나무도 자라고
세상것들 모두가 잘 자라며
마음에 꽃을 안고 일터로 나간다
너는 하늘의 눈이다
네가 눈뜨면 세상도 눈뜨고
두려움도 사라진다

2014년 제30회 윤동주문학상 본상 시집
『검은 등 뻐꾸기의 울음』

임 보

* 전남 순천 출생(1940년~)
  1959년 『현대문학』 등단
  서울대 국문과 및 성균관대 대학원 졸업
  충북대 교수 역임
  시집 『임보의 시들 59-74』 『산방동동(山房動動)』 『날아가는 은빛 연못』
  『겨울, 하늘소의 춤』 『지상의 하루』 외
  제6회 녹색 문학상 등 수상

딱따구리에게

임 보

똑또르르르륵… 똑또르르르륵…

숲을 걷다가 영롱한 음향에 귀가 선다
지상에서 가장 명징한 가락을 뽑아내는
타악기의 연주자는 딱따구리다
그의 단단한 부리가
마른 나무를 두드리는 저 소리

똑또르르르륵… 똑또르르르륵…

집을 짓는 것도
먹이를 찾는 것도
그들에겐 다 즐거운 음악이다
굳은 부리로 1초에 15번을 두드린다는
저 신묘한 새의 신기(神技)도 신기지만,
한갓 마른 나무의 몸통이 그처럼 맑은
소리를 품고 있다니 놀라운 일이다

똑또르르르륵… 똑또르르르륵…

숲 사이로 쏟아져 내리는 햇살이 눈부시다

똑또르르르륵… 똑또르르르륵…

딱따구리여,
날카로운 네 부리로 이 머리통을 때려다오
부질없는 망상의 이 골통을 찍어다오
한 가닥 맑은 소리를 뽑아내 다오
텅 빈 영혼의 악기를 만들어 다오

똑또르르르륵… 똑또르르르륵…

검은등뻐꾸기의 울음

임 보

네 마디로 우는 저 새의 울음소리
사람의 음성과는 달리 자음과 모음으로 분리되질 않아
문자(文字)로 옮길 수가 없다

흔히
"홀딱 벗고, 홀딱 벗고" 운다 하지만
어찌 들으면
"첫차 타고, 막차 타고" 하는 것도 같고
"언짢다고, 괜찮다고" 하는 것도 같다

또 어떤 이는
"혼자 살꼬, 둘이 살꼬" 한다고도 하고
"너도 먹고, 나도 먹고" 한다고도 한다

듣는 이에 따라 이현령 비현령(耳懸鈴 鼻懸鈴)이다

만어(萬語)를 품고 있는 저 무궁설법
누가 따라 잡을 수 있단 말인가.

2016년 제32회 윤동주문학상 본상 시집
『가도 그만 와도 그만』

왕수영

* 부산 출생(1937년~)
  1961년 『현대문학』 등단
  연세대학교 국문학과 졸업
  한국여성문학인회 자문위원
  저서 『조국의 우표에는 언제나 눈물이』 『가도 그만 와도 그만』 외
  제11회 상화시인상, 제32회 월탄문학상, 제16회 한국문인협회
  해외문학상, 제47회 한국문학상, 일본의 이시카와타쿠보쿠 시인상
  제45회 PEN번역문학상 등 수상

하모니카

왕수영

어릴적부터
혼자 노는 재주가있었다

집 안에서는 공기놀이
밖에서는 그림자놀이
노을이 지는 아스팔트에서
돌차기를 하면서도
외롭지 않았다

기타가 가슴을 떨게하던 날
품에 안고 어루만졌다
빠르게 기타와 친해져서
금지된 장난도 치게 되었다

나는 점점 늙어가는데
기타는 나이도 들지 않고
여위지도 않았다

더이상 기타와 놀기에는
힘이 들었다

기타와 헤어지던 날 하모니카를
만났다 옛날 부산마을 뒷골목에서
애달프게 들려오던 음률이
되살아났다

하모니카도 혼자 놀기에는
안성맞춤이었다

지금 타향살이 몇해던가를
불면서 하모니카는
나를 울게 한다

〈오빠생각〉도 불고
〈고향의 봄〉도 불고
〈신라의 달밤〉도 불고
〈굳세어라 금순아〉도 불고

내 인생을 모조리 불렀더니
하모니카는 이승을 떠난
모든 이들을 내 곁으로
모이게 하고

이국땅 일본에서 혼자 사는
외로움을 씻어주었다.

초승달

왕수영

해질녘 버스정류장 옆에
쓸쓸히 서 있는 우체통에
초승달을 투함하는
중년남자를 보았다

사별한 아내에게
보내는 것일까
시골에 혼자 계시는 노모에게
보내는 것일까

전쟁의 암흑속에 울고 있는
이국의 어린이들에게
보내는 것일까

우체통에서
초승달을 꺼낸 배달부가
그것을 복사해서
온 세계에 배달을 했다

중년남자가
이승을 하직하던 해거름

버스정류장의 우체통에

아름다운 보름달을 투함하는
소년을 보았다.

2016년 제32회 윤동주문학상 본상 시집
『새소리 택배』
이혜선
　* 경남 함안 출생(1950년~)
　　1981년『시문학』추천완료
　　동국대학교 국문과 졸업
　　세종대학교 대학원 졸업(문학박사)
　　한국문인협회 부이사장·문화체육관광부 문학진흥정책위원 역임
　　현재, 한국여성문학인회 이사장
　　저서『흘린 술이 반이다』『神 한 마리』『문학과 꿈의 변용』외
　　한국문학비평가협회상, 예총예술문화대상 등 수상

불이(不二), 서로 기대어

이혜선

고속도로 달리다가
나무에 기대고 있는 산을 보았다
허공에 기대고 있는 나무를 보았다

배를 타고
청산도 가는 길에
물방울에 기대는 물을 보았다
갈매기 날개에 기대는 하늘을 보았다

흙은 씨앗에 기대어 피어나고
엄마 젖가슴은
아기에 기대어 자라난다

하루해가 기우는 시간
들녘 끝 잡초들이 서로 어깨 기대는 것을 보았다
그 어깨 위에 하루살이들 내려앉아
깊은 잠 들고 있었다.

불이(不二), 그대 안의 새싹

이혜선

무를 깎다가 빗나간 칼이 손바닥을 깊숙이 찔렀다
뼈가 허옇게 드러나고 피가 멎지 않고 흘렀다

손이 퉁퉁 부어,
마음도 덩달아 부어올라
눈도 코도 귀도 없는 나날이 영원히 계속되었다

그런데 어느 날인가
갇힌 창 안쪽에서, 부기 빠진 상처가 딱지를 만들며
제자리를 잡아갔다

그 뒤로 나는
가슴에 구멍이 숭숭 뚫려도, 아무리 피가 흘러도
바깥에서 부는 꽃바람, 먼 곳의 눈빛을 기다리지 않는다

촘촘한 시침의 그물 짜는 어부가 되어
내 안의 바다 깊푸른 수심에
가만히 두레박줄을 풀어놓는다

저 깊은 뿌리에서 연초록 새싹이, 기쁨의 꽃 한 송이가
피어오를 때까지 숨을 고르며
고요히 두레박줄을 당긴다.

2017년 제33회 윤동주문학상 본상 시집
『다시, 별 헤는 밤』

소강석

* 전북 남원시 출생(1962년~)
  1995년 『문예사조』 등단
  단국대학교 명예문학박사
  새에덴교회 담임목사
  한민족평화나눔재단 이사장, 한국문인협회 자문위원
  시집 『외로운 선율을 찾아서』 『너의 이름을 사랑이라 부른다』 외
  제37회 4·19혁명 봉사상 등 수상

윤동주 무덤 앞에서

소강석

님의 무덤을 찾아오지 않고서야
어찌 시인이라 할 수 있으랴
그대처럼 아파하지 않고서야
어찌 시를 쓴다 할 수 있으리오
부끄러움 하나 느끼지 않고 시를 썼던
가짜 시인을 꾸짖어 주십시오
눈물 없이 쓴 껍데기 시를
심판해 주십시오
참회록 없는 이 시대의 시인들을
파면해 주십시오
당신 무덤에 피어오른 동주화를
내 마음의 무덤에 심도록 허락해 주십시오.

序詩, 이후…

소강석

윤동주 이후
우리 모두는 가슴에 시 한 편 가졌다
아무리 시에 관심 없고
문학에 문외한인 사람일지라도
그가 사형수이든 수배자이든
대통령이든 국회의원이든
초호화 재벌이든 폐지를 줍는 노인이든
경찰이든 단속에 쫓기는 노점상이든
꽃처럼 피어나는 소녀이든
막다른 골목 유곽의 외로운 여인이든
콘크리트 숲 회사원이든
지하도에 신문지를 깔고 잠드는 노숙자이든
어머니의 손수건 같은 시 한 편 가졌다
우리의 지저분한 마음을
가혹한 상처를
씻을 수 없는 후회를
위로하고 닦아주는 시 한 편 가졌다
서시(序詩)는 지금도
모든 죽어가는 것들을 사랑하는
우리 가슴 속 별이 되어
바람에 스치운다.

2017년 제33회 윤동주문학상 본상 동시집
『내일은 맑음』

정두리

* 경남 마산 출생(1947~)
  1982년 『한국문학』 시부문 등단
  1984년 동아일보 신춘문예 동시 당선
  단국대학교 국어국문학과 졸업
  저서 『우리 동네 이야기』 『공다리 김밥』 『진짜 이름 오지은』 외
  가톨릭문학상, 방정환문학상, 제2회 단국문학상, 제8회 녹색문학상
  제2회 풀꽃동시상 등 수상

쥐똥나무의 말

정두리

누가 내 이름에다
똥이라 붙였을까,
그것도 쥐똥이라고?

연두빛 잎사귀
풋풋해진 다음
하얀 꽃을 마구 피울 테니
어디 두고 봐
놀라지 말고

세상에서
제일 은은한 향기를
날려 보낼 거야

열매가 까맣다고
내 이름
쉽게 제멋대로 붙인 사람
많이 미안해해야 해.

이끼

정두리

메타스퀘어 허리춤을
꼼꼼히 덮은
초록 우단

나무가 되고 싶었지만
나무를 감싸주게 된 이끼

쓰다듬으면
촉촉한 이끼의 얼굴
살짝 누르면
숨었던 초록 눈물이 배어 나온다

이곳보다
나은 곳 없다,
끝내 나무가 되지 못하고
이끼는 나무의 허리를
끌어안고 움직일 줄 모른다.

2018년 제34회 윤동주문학상 본상 시집
『늦귀』

서상만

* 경북 포항 출생(1941년~)
  1982년 『한국문학』 등단
  성균관대학교 영문학과·고려대학교 경영대학원 수학
  한국문인협회 자문위원, 한국시인협회 회원
  저서 『시간의 사금파리』 『적소』 『그런 날 있었으면』 『생존연습』 외
  제13회 최계락문학상, 포항문학상, 창릉문학상 등 수상

적막에서

서상만

아내가 심어두고 간 치자꽃이
올해도 하얗게 만발이다
눈에 익은 색깔과 향기가
다소곳이 내게로 다가오는,

속세에 피신하듯 뿌리내려
저 꽃이 한사코 피고 있는 이유
나는 차마 알지 못하지만, 혹
엄살 같은 하직인사가 남아서

꽃피는 천수적막(千手寂寞)에
은유는 왜 자꾸 머뭇거리는지
천지간 내 눈물 사라져도
저 꽃의 탄회(坦懷)는 여전할까.

간월도 저편

서상만

중절모를 쓰고
바다를 넘어온 달이 솔가지 끝에 매달려 있다
간월도 저편

달은 벌써 아편 먹은 몽유병자
밀물과 썰물을 헛디디며
나도 조금만 지체하면 섬이 되었겠다

개심사쯤 가서 마음 비울까 했는데
자꾸만 뻘밭으로 몸이 돌아간다
물은 빠지고 서천을 덮던
달그림자가 도요새를 물고 갔다

캄캄한 뻘밭에 바람은 눕고
굴 여무는 소리, 진주알 몸 굴리는 소리

귀가 가렵다
간월도 저편.

2018년 제34회 윤동주문학상 본상 시조집
『하이힐』

서일옥

* 경남 마산 출생(1951년~)
  1990년 경남신문 신춘문예 당선
  경남대학교 교육대학원 교육행정학과 졸업
  한국시조시인협회 부이사장 역임
  한국문인협회 자문위원
  저서『영화스케치』『그늘의 무늬』『크루아상이 익는 시간』외
  가람시조문학상, 노산시조문학상 등 수상

군산*(群山)

서일옥

저무는 한 생의 뒷모습에 목이 멘다
다시 올릴 깃발도 없는 침묵의 지붕 위에
희미한 불빛 한 줄기
바람에 흔들린다

한때는 희망이었고 웃음의 텃밭이었던
도시에 금이 가고 갑도 을도 없는 지금
유기견 두어 마리만
오도카니 앉아 있다

손 흔드는 가족의 눈물 기도 품에 안고
낯 선 그곳으로 가장들은 떠났는데
계절은 소리 없이 와서
장미꽃을 피워 놓았다.

* 군산 : 2018년 5월 31일 군산 GM 공장은 문을 닫았다.

병산 우체국

서일옥

이름 곱고 담도 낮은 병산 우체국은

해변 길 걸어서 탱자 울을 지나서

꼭 전할 비밀 생기면

몰래 문 열고 싶은 곳

어제는 비 내리고 바람 살푼 불더니

햇살 받은 우체통이 칸나처럼 피어 있다

누구의 애틋한 사연이

저 속에서 익고 있을까.

2019년 제35회 윤동주문학상 본상 시집
『뒷굽』

허형만

* 전남 순천 출생(1945년~)
  1973년『월간문학』등단
  중앙대학교 국문과 졸업
  중국 옌타이대학교 교환교수, 광주/전남현대문학연구소 이사장,
  한국시인협회 심의위원장, 한국가톨릭문인협회 이사장 등 역임
  국립목포대학교 명예교수
  시집『영혼의 눈』『바람칼』외
  중국어 시집『許炯万詩賞析』일본어 시집『耳な葬る』
  편운문학상, 한국예술상, 한국시인협회상, 영랑시문학상, 공초문학상
  등 수상

뒷굽

허형만

구두 뒷굽이 닳아 그믐달처럼 한쪽으로 기울어졌다
수선집 주인이 뒷굽을 뜯어내며
참 오래도 신으셨네요 하는 말이
참 오래도 사시네요 하는 말로 들렸다가
참 오래도 기울어지셨네요 하는 말로 바뀌어 들렸다
수선집 주인이 좌빨이네요 할까 봐 겁났고
우빨이네요 할까 봐 더 겁났다
구두 뒷굽을 새로 갈 때마다 나는
돌고 도는 지구의 모퉁이만 밟고 살아가는 게 아닌지
순수의 영혼이 한쪽으로만 쏠리고 있는 건 아닌지
한사코 한쪽으로만 비스듬히 닳아 기울어가는
그 이유가 그지없이 궁금했다.

녹을 닦으며
── 공초(供草) · 14

허형만

새로이 이사를 와서
형편없이 더럽게 슬어 있는
흑갈빛 대문의 녹을 닦으며
내 지나온 생애에는
얼마나 지독한 녹이 슬어 있을지
부끄럽고 죄스러워 손이 아린 줄 몰랐다
나는, 대문의 녹을 닦으며
내 깊고 어두운 생명 저편을 보았다
비늘처럼 총총히 돋쳐 있는
회한의 슬픈 역사 그것은 바다 위에서
혼신의 힘으로 일어서는 빗방울
그리 살아 온
마흔세 해 수많은 불면의 촉수가
노을 앞에서 바람 앞에서
철없이 울먹였던 뽀오얀 사랑까지
바로 내 영혼 깊숙이
칙칙하게 녹이 되어 슬어 있음을 보고
손가락이 부르트도록
온몸으로 온몸으로 문지르고 있었다.

2019년 제35회 윤동주문학상 본상 시
「득실」외 2편

이동희

   * 호는 油然
     전북 전주 출생(1946년~)
     1985년『心象』등단
     조선대학교 대학원 문학박사. 전주대학교 겸임교수 역임
     한국문인협회, 한국시인협회 회원
     저서『빛더듬이』『숨쉬는 문화 숨죽인 문화』
     『누군가 내게 시를 보내고 싶었나봐』외
     전북문학상, 표현문학상, 전주시예술상, 목정문화상 등 수상

덜 떨어진 놈

이 동 희

잘 익은 가을은
까까중머리에 툭~, 떨어져 목탁을 친다

앙앙불락 대웅전 기왓장을 깨고야 말겠다는 대추나무
대추열매나
불명산 날아드는 장끼 꿩꿩이속을 觀音하겠다는 밤나무
알밤송이나
곶감 깎는 산골시악시 앞에 자지러지는 동상면 먹감나무
땡감이나
……………………………
가을산은 저마다 解脫이 한창이다

시든 세월 붙잡고 앙앙불락하는 내 나무,
내 열매는
목불머리 지니고도 목탁 칠 수 없어 목불인견인데

잘 익어 툭~, 떨어지는 놈들마다
가을산 물들이는 메아리가 되는구나.

사막여우

이동희

내가 사막에 살면서,
어두운 낮에도, 별 듣는 밤에도
귀를 크게 열어두는 것은
그러므로
이슬발자국이나 모래뜀박질 소리에도
나로 하여금 나를
바투 뛰게 하려는 것이다

누군가는 풀무질하는 허무 때문이라지만
나를, 허무는 자리마다 채우려는
고요한 배고픔 때문이다.

2020년 제36회 윤동주문학상 본상 시집
『파이디아』

김 영

* 전북 김제 출생(1958년~)
    1996년 시집 『눈 감아서 환한 세상』으로 작품 활동 시작
    전북문인협회장, 전라북도 문학관장 역임
    현재, 석정문학회장
    시집 『벚꽃 지느러미』 『파이디아』 『나비 편지』 외
    석정촛불시문학상, 월간문학상, 전북문학상 등 수상

책을 반으로 펼치면

김 영

두꺼운 책 한 권을
딱 반으로 펼쳐놓으면
꽤 넓은 들판이 생기고 지평선이 보인다
완만한 구릉을 이루고 있는 사이
작은 냇물이 졸졸 흐른다
그 위에 양 떼를 풀어놓아도 좋고
몇 채의 집을 짓고
태어나는 아이들의 이름을 짓고
울타리를 세우면 좋겠다

울타리의 용도는 옛날에도 망설였고
지금도 망설이는 일이지만
넘어오는 것과 넘어가는 것 중
어느 것을 막는 일인지는 아직도 모르겠다

딱 반으로 펼친 책장에서는 여차하면
다시 접어버리면 되는 일
그러고 보니 움푹한 구릉지대나
큰 강이 흐르는 곳들은
허공이 딱 반으로 접힌 곳들일 거라는 생각이 든다
반으로 접힌 책

그쯤 읽으면 누가 옳고 누가 그른지
시시비비도 대충 가려질 만하겠다

딱 반이라는 곳들은 힘이 세다
양쪽으로 나누어 주고도 남는 힘으로
양쪽을 붙잡아 둘 수 있다
책은 그 힘으로 내용을 지탱하고
등장인물들을 끌고 가고
결말을 끝장에 둘 수 있다

두꺼운 책일수록
더 많은 양쪽을 반으로 갖고 있다
나라는 책, 한쪽이 너무 두꺼워졌다.

순간의 집

김 영

결집이라곤 없는 것처럼 보이지만
자세히 보면 바람의 그물코가 보인다

휘몰아치는 허공을 상량으로 올렸으니
이 집의 상량문(上梁文)엔
무너지는 비법이 담겨 있겠다

싱싱하거나 푸른 날것은
치즈 나이프의 절삭력을 닮은
모래 능선을 조심해야 한다

오늘의 메뉴는
치밀했던 오류 한 점
엄밀하게 재료를 가감하는 모래 주방에서는
어떤 요리도 겹꽃으로 피지 않는다

후식으로 커피 한 잔을 받아들고
종다리 울음소리를 넣어 휘저으면
귓바퀴가 구름에 닿는다
번뇌가 없는 뭉게구름은 속도도 없어
한 점 그늘이 귓등에 오래 정박한다

채근은 머리카락의 일
바람은 모래를 베고 꽃잠에 들었고
그늘의 옆구리를 찢고
발아하는 아지랑이는 첫걸음을 놓친다

길이라 고집했던 모든 길들이 다 지워지고
위쪽은 오로지 구름이고
아래쪽은 푹푹 허물어지는 내 발자국이다.

2020년 제36회 윤동주문학상 본상 시조집
『익명의 첫 숨』

진순분

* 경기 수원 출생(1956년~)
  1990년 경인일보 신춘문예 등단
  한국방송통신대학교 국어국문학과 졸업
  한국시조시인협회 중앙 자문
  수원문인협회 부회장
  저서 『안개꽃 은유』 『시간의 세포』 『바람의 뼈를 읽다』 외
  가람시조문학상, 시조시학상본상, 한국시학상 등 수상

공생

진순분

팽나무 우듬지에 조롱조롱 열린 열매
곤줄박이 배 채우고 겨우살이 발이 언다
세차게 바람 불 때마다 더부살이 흔들린다

한파를 견디려면 나에게 기대려무나
무채색 산과 들에 혼자 푸른 나무로
봄이면 겨울 눈 틔어 활짝 꽃 피우거라

어차피 내 몸에 물관 체관 뿌리내리니
의붓자식 네게도 젖 한 모금 물리고
한겨울 어미 가슴에 너를 꼭 안고 가마

시계 골목 장인

진순분

시간이 멈춰버린 예지동 시계골목
시계공 박 씨, 고장 난 시간은 고치면서
끝끝내 파킨슨병 아내
살려내지 못했다

문득 먼저 떠난 아내가 그리워질 때마다
더 바삐 일한다, 낡은 서랍 속 사진 보며
다소니 반짝 그 생애
째깍째깍 빈방이 운다

여든다섯 삶의 터전 시계방 오십 년이
손끝에서 재생된다, 지문이 다 닳도록
죽었던 시간의 골목
초침 소리 깨어난다

2021년 제37회 윤동주문학상 본상 시집
『몽환의 다리에서』

김선진

* 경남 양산(1942년~)
  1989년 『시문학』 신인상 등단
  이화여자대학교 국문학과 졸업
  국제PEN한국본부·한국현대시인협회·문학의집_서울 이사
  저서 『끈끈한 손잡이로 묶어주는 고리는』 『촛농의 두께만큼』
  『숲이 만난 세상』 『마음은 손바닥이다』 『소리치는 나무』 외
  한국현대시인상, 이화문학상 등 수상

파도는 늘 그랬다

김선진

빛살을 받고
푸른 몸이 뜨거워
움칠 움칠
갯가로 찾아 갔다

밀려가는 주름이
몸부림인 것을
아무도 눈치 채지 못했다

두 팔 벌려
소리치며
두드리며
맨발로 다가가
하얗게 마음 놓고 부서져
침묵하는 갯바위만 때릴 줄 알았다

금빛 햇살의 굴절 없는 약속도
귀 바퀴 닳도록 쏟아내는 물고기들의 밀어도
위험수위까지 화풀이로 일궈지는 해일

한평생 풀 수 없는 통한인 것을

견디다 들키고 만 그리움인 것을

미처 일러주지 못하고
날마다 부서지기만 했다

파도는 늘 그랬다.

몽환의 다리에서

김선진

3월이 다 하는 끝자락
〈사회적 거리 두기〉로 집안에 갇히다

유리창 너머 흐드러진 자목련 꽃잎은
왜 갇혀 있느냐
왜 나를 보러 오지 않느냐
예년보다 더 빨리 보채더니
희뿌연 안개 속
바깥은 제법 봄맞이 채비가 한창이다

「코로나 블루」에 함락된 지 어언 두어 달
잠을 자고 깨어나도
늘 몽환의 다리를 건너듯 출렁인다

세상을 물리고 떠나는 애달픈 기별이 오는데
조문조차 꺼리는 희한한 바이러스 인심들

불청객 치매로 나날이 말을 잃어가는 내 친구는
평생의 동반자인 남편의 마지막 가는 소식도 모른 채
지난날 일상의 작은 행복이
금싸라기 보석으로 찬란했음도

하얗게 묻어가는 조각조각의 추억도 아주 몰라
막막한 희망은 가시가 되어 자꾸 목에 걸린다

탈출구도 없고 어디 맘 편히 쉴 곳도 없는 지금
이 산 저 산을 이어주는 몽환의 다리에서
오도 가도 못하며
메아리 없는 그리움의 끈만 속절없이 붙들고 있을 뿐이다.

2021년 제37회 윤동주문학상 본상 시집
『사람 만나지 않는 날들』

박종철

* 전북 남원 출생(1946년~)
  1987년『월간문학』등단
  한국방송통신대학교 행정학과 졸업
  한국문인협회 사무국장, 국제PEN한국본부 사무처장 역임
  서서『낮은 소리하나』『홀로 가는 낙타』『낮은 산 외신 길』외
  대한민국문학상, 예술평론상, 문학의해 국무총리 표창 등 수상

푸념

박종철

쭉정이 주제에 고개 들어 뻗대는구나
들길에서 허수아비 곁에 뻣뻣하게 서 있는
벼이삭을 두고 하는 말이다

하찮게 여기다가 옆구리 받쳐 일그러졌구나
산길에서 멧돼지에게 상처 입은
참나무를 보며 하는 말이다

지화자 좋구나, 늘어진 팔자로세!
강가에서 바람도 없는 날에 흔들리는
능수버들에게 하는 말이다

아무렴 그렇지 그렇고말고!
물레방아 도는 내력을 아는 듯 모르는 듯 깝죽대는
물총새에게 하는 말이다

본래 면목은 아무것도 없는 데에 있는 거야
아무도 없을 때를 골라서
누구에게나 하는 말이다

나이를 안 먹고 살 수는 없을까?
내가 나에게 투정하는 푸념이다.

처신

박종철

안에서나 밖에서나 몸 둘 곳이
마땅찮다
울타리 안엔 마당이 없어서
나무 같은 나를 세워둘 곳이 없다
문밖에 나가 보아도
바위와 닮은 내가 끼어들
자리라곤 별로 없다
나무가 있고 바위가 있는
산에나 가야
함께 놀아줄
몇몇 친구를 만날 수 있다
몸이 마음을 설득하는 나날이다.

제37회

2021년 제37회 윤동주문학상 본상 시조집
『나는 나로』

유상용

* 전남 장성 출생(1944년~)
  1991년『현대시조』등단
  중앙일보 시조 지상 백일장 장원 2회
  서라벌 예술대학 문예 창작과 졸업
  중앙대 예술대학원 문학예술학과 수료
  한국문인협회 이사·중앙대 문학회 감사 역임
  시조집『날개 달린 시간』『산그늘』『살며 생각하며』
  『새벽은 다시 온다』『이름의 길』외
  중앙대 문학상 등 수상

소나무

유상용

어깨는 굽어 돌고
한쪽 팔은 뒤틀려도
청청한 유업 쌓아
낮은 허공 받쳤는데
바람이
침엽을 딛고
왔다 가는 저 소리야

누대로 사는 길에
소나무들 편하랴만
누군가 찾아줄까
비늘 몸 붉히면
짙푸름
끝 간 디쯤에
배어나는 적막감

이를 길 끝 모를
바람이 말을 걸면
볼을 맞댄 가지들이
맞아주는 눈 웃음
구름도

푸른 심성을
우러르다 돌아가네.

손

유상용

손이 그려내는
삶의 틈새 보아라
닳아진 손마디
사는 그림 보아라
굳어진
손가락 사이
빠져나간 세월 흔적

돌고 있는 계절 따라
신명(身命) 받은 내 일에
손바닥 마디마다
와서 맺힌 땀방울
말없이
말을 하는 손
묻어나는 사는 얘기

손마디 굵을수록
손길은 길들여져
당당한 나를 그려
스며 나는 나의 냄새
내 손길
가고 가면 그래,
웃음길이 여기여라.

2022년 제38회 윤동주문학상 본상 시집
『자네』

이계설

* 경기도 평택 출생(1946년~)
  1990년 『시와 의식』 등단
  한국방송통신대학교 국어 국문과 졸업
  한국방송통신대학교 중어 중문과 졸업
  한국문인협회 이사·국제PEN한국본부 이사 역임
  저서 『가면놀이』 『가시고기』 『한반도를 적시는 고구려의 숨결』 외
  제3회 영랑문학상, 제12회 한국문협작가상 등 수상

자네

이계설

생각보다 많이 닮았네 그려
온몸의 신경선은 올올이 G현이라 했지
스치기만 해도 늑골 사이로 애잔한 선률이 빠져나간다고 했지
언어의 미혹에 이끌려 반풍수처럼 실없는 세상을 달려왔다고 하였지

정신좀 차리시게
교환가치도 없는 몇 줄 이미지가 쌀이 되던가
그러기에 자네 부인은 질색을 하지 않는가

바람 끝에 풀리는 풍경소리같이
스스로도 어쩌지 못하는 끼가 있음을 아네만
이제 정신을 차릴 때도 되었네

그까짓 이미지 몇 개쯤 떠오르지 않는다고
조바심을 하지 말게
더 이상 밤을 불질러가며 뼈를 깎지 마시게

하지만 몇 날 며칠을 살라 겨우 언어 몇 줄 건져놓고
주먹 가득 사탕을 움켜쥔 아이처럼 깡충대는 자네에게
어떠한 권유도 부질없음을 아네
팔자가 그런 걸 어쩌겠나

깨알 한 알에서도
우주의 이치를 따지는 자네에게
이제는 질렸네 그려

석양을 머금은 하루가
무릎 아래로 기울 때까지
또 실없는 세상을 달려보게나.

세밑 소고

이계설

가느다란 숨결이 멈출 듯 붙어 있는 잎새처럼
한 해의 마지막 달력이 간당거린다

늘 이맘때면 선술집 포차도 붐비고
까칠한 바람이 목젖 깊숙이 파고드는데
둔탁한 문을 나서는 낡은 가방 하나
억센 손아귀에 압축된 일상이 접혀 있다

정년퇴직을 평생의 훈장으로 여겨온
이 땅의 아버지
머리 조아리며 버텨온 그 긴 세월을
하늘은 아는지 싸락눈이 날리고

지금도 반백의 자식에게
"밥은 먹었느냐"는 목소리는
언제나 축축하기만 한데

외투깃 속에 찌든 하루를 묻고
막차를 기다리는 사람들 틈에서
또 젊은 날의 아버지가 동동거리고 있다.

2022년 제38회 윤동주문학상 본상 시집
『기둥들은 모두 새가 되었다』

최금녀

* 함경남도 영흥 출생(1939년~)
  1998년『문예운동』등단
  경기여고 졸업
  한국여성문학인회 이사장, 대한일보 기자 역임
  한국시인협회 부회장, 한국문인협회 자문위원
  시집『바람에게 밥 사주고 싶다』『기둥들은 새가 되었다』
  활판 시선집『한 줄, 혹은 두 줄』『최금녀의 시와 시세계』외
  공초문학상, PEN문학상, 현대시인상, 여성문학상 등 수상

서쪽을 보다

최금녀

우리는 동쪽에 있다

남편은 늘 동쪽 벽에 기대어 앉아
서쪽 벽을 보고 있다

액자 속 인물들은 표정을 바꿀 생각이 없다
40년 된 소철은
현관문 열리는 소리에도 놀라지 않는다

반가운 적이 없는 기억들이
꽃 진 화분에서 기어 나와
틈새를 찾아다니며 핀다

르누아르의 여자는 그림 속에서도 르누아르를 사랑한다
꼭 하고 싶은 말은 냉동실에 넣어두고
죽음은 말하지 않는다

우리는 매일
정장 차림으로 날씨를 읽는다

서쪽 벽은 늘 춥고 어둡다
바라보는 중이다.

이층

계단에 서서 당신을 열어 볼 때가 있다
이층은 소리와 햇살이 가득하다
멈춘 듯 저녁이 먼저 오고 멈춘 듯 내가 다녀간다

가끔씩 기쁜 저녁도 지나간다
아래층 불빛이 이층까지 노랗게 올라간다
층계를 밟는 불빛들은 두근거린다
내가 모르는 사이 베란다를 좋아하는 모과나무는
노란 잎새를 물고 찾아온다
첫눈 없는 크리스마스를 맨손으로 만진다

이층은 쉴 새 없이 흐른다
아무에게도 말하지 않는다
아래층과 이층이 들려주는 이야기를 듣는다

나를 끄듯 촛불을 끄듯 커튼을 닫는다
해가 뜨지 않는 일층에
없는 듯
내가 남아 있다.

2022년 제38회 윤동주문학상 본상 시조집
『석류, 웃다』

최순향

* 경북 포항 출생(1946년~)
  1997년『시조생활』등단
  숙명여자대학교 약학대학 졸업
  세계전통시인협회 한국본부 이사장
  한국여성문학인회 부이사장
  한국문인협회 이사
  국제PEN한국본부 심의위원
  저서『긴힛그츠리잇가』『옷이 자랐다』『Happy Evening』외
  한국문협작가상, PEN송운현원영시조문학상,
  시천시조문학상 등 수상

석류, 웃다

최순향

고독도 잘 익으면
너에겐 웃음일라

고운 치열 자랑하며
활짝 웃는 그 모습

부시게, 눈이 부시게
사리(舍利)로 꽉 찬 속내.

사랑 법

최순향

그대는 아시나요 겨울나무 사랑 법을

마주 선 거리만큼 뿌리로 다스리며

꽃 되고 열매 되는 길 그대 진정 아시나요.

2023년 제39회 윤동주문학상 본상 시집
『생이 만선이다』

박복조

* 대구 출생(1942년~)
  1996년 시집 『차라리 사람을 버리리라』로 작품 활동 시작
  대구가톨릭대학교 약학대 졸업, 동대학원 국어국문학과 박사 수료
  시집 『세상으로 트인 문』 『빛을 그리다』 『말의 알』 『산이 피고 있다』
  『생이 만선이다』 외 수필집 『춘설』 등
  이상화시인상, 대구의작가상, 국제PEN한국본부 아카데미문학상 등 수상

민달팽이·1
―빛과 어둠

박복조

유리 절벽에 그가 심겼다

빛의 화살을 맞고 타는 맨몸, 화형당하고 있다
눈멀어 돌아본다
어둠을 뛰쳐나온 아픔이 유리문 꼭대기에 기어올라
끈적이며 뒤척인 길
길게 그어놓은 생(生)이 구불텅하다
꽁무니가 뱉아낸 체액,
번쩍이는 햇살의 계단 뜨겁겠다
무슨 저런 희고 빛나는 꼬리를
감추고 있었던가

어둠에 갇혔다가 끝내 빛에 갇힌 몸

어둠을 갈아, 힘주며
그어내린 한 획,
참 험하고도 확실하다
체액으로 쓴 상형문자, 숨겨둔 암호다
흘러내린 쉰 머리카락 한 올
참! 끈끈해 질기겠다

환한 어둠 속, 더듬이 왕관 높이 세운 칠흑 왕자
어둠을 먹는 벌레는 빛이 그리워
해오라비난꽃 심장을 따먹었지
어둠의 만찬은 꽃배만 불러,
꽃의 꿈은 훔칠 수 없었지
댕강, 모가지 부러뜨린 풀꽃 먹고사는
말 못하는 천사
집 없는 먼 길, 울음은 배 밑에 감춘 채
말을 모르는 말이 튀어나와

터지는 침묵,

이슬 먹은 흰 피 맑았지,
더듬이 춤추며
누더기 한 벌 입어 본 적 없는 살 뭉텅이
다리, 팔도 없이,
뭣을 먹을까 입을까 걱정 없이,
벗어도 부끄럽지 않던 벌거숭이는
헝크러진 꿈 그려내었지

검은 낙원에서 탈출한 민달팽이
타는 햇살에 찔려, 환희, 눕는다
관통하는 불볕, 스스로 다비한 몸
길고 흰 그림자 유리 절벽에 심고
날아오른다

날개를 달았겠지.

목선을 타고

박복조

목선을 타고 싶다
뒤뚱뒤뚱 내 일생 같겠지
노 저을 줄도 모르면서,
종이배처럼 물결 타며 가고 싶은데
아득히 철석이는 소리뿐,
아찔하게 다시 기어오르는 뱃머리
그래도 푸른 기쁨은 수평선 바다에
철썩였지

배 끝을 잡고 어디로,
온몸 뒤틀리고 숨 막혀도
그때, 처음, 나무배 타고,
천 리를 가고 싶던 마음만 실어
이젠 노도 없이 출렁인다

물길을 따라 실려가고 있는
이것, 사는것이다
절절이 막혀 있어도
물길은 퍼렇고 훤해
목선은 가고 있다
삐꺽거려도
생(生)이 만선이다.

2023년 제39회 윤동주문학상 본상 시조집
『통일의 바다』

이국민

* 경남 통영 출생(1958년~)
  1983년 계간 『현대시조』 등단
  1990년 조선일보 신춘문예 희곡 「화도」 당선
  서울예술대학교 연극과 및 문예창작과 졸업, 북경영화대학교 대학원 영화문학과 2년 수료
  한국문협 충무지부 사무국장, 통영지부회장 역임
  저서 『통영별곡』 『별신』 『통일의 바다』 『대한협회』 외
  장막 희곡 「먼 땅, 좋은 기별」 외 다수 공연
  제5회 만해(한용운)상 등 수상

제1대 이순신(李舜臣) 통제사

이국민

지금은 하나가 아닌
하늘과 땅의 바다
갈 수도 올 수도 없는 사이 강물은 흘러
하나로 통했던 그 바다
다시 잇고 싶은 핏줄

내가 죽은 곳은 노량 바다가 아니다
차라리 숨기고자 살아서 욕될 목숨
동짓달 지킨 새벽의 나라
하나뿐인 이 약속

적군의 발아래 피할 곳이 없는 민초
내 손과 발을 묶어 둔 묘당(廟堂)나리들
왜장이 받아야 할 벌(罰) 내가 대신 받다니~

칠천도 참패 이후
풀려나간 포승줄
이 땅도 바다도 이미 떠나버린 어머니
오판에 피투성이 바다
언제 씻을 것인가?

한산도 고하도 지나 정박한 고금도
스무 배나 많은 적선 맞서 싸운 명량 해전
파도 탄 삶과 죽음 모두
내 앞에선 한 바다.

제2대 원균(元均) 통제사

이국민

승전한 물위에서 뿌린 몇 곱절의 혈투
역풍으로 몰려온 진격의 명(命)과 벌(罰)
오판한 명령이 죽인 삼만 명의 젊은 꽃!

칠천량 바다에서 죽고 싶지 않았다
그렇게 산화한 청춘은 몇이던가
나라는 승리만 기억 하네
듣지 않은 수부(水夫)의 외침.

윤동주문학상 수상 작가 우수문학선집

초판 인쇄 | 2024년 11월 25일
초판 발행 | 2024년 11월 30일

지 은 이 | 한국문인협회
발 행 인 | 김호운
편집위원장 | 김광자
편집위원 | 김민정
　　　　　최외득

펴낸곳 | 한국문인협회　月刊文學 출판부
주소 | 서울시 양천구 목동서로 225 대한민국예술인센터 1017호
전화 | 02-744-8046~7
팩스 | 02-743-5174
이메일 | klwa95@hanmail.net
등록 | 2011년 3월 11일 제2011-000081호
ISBN 978-89-6138-540-4 03810

값 15,000원

잘못 만들어진 책은 바꾸어 드립니다.